그리스도인의 원형
– 그리스도 사건에 대한 융심리학적 조명 –

에드워드 에딘저 지음
이재훈 옮김

한국심리치료연구소

The Christian Archetype
- A Jungian Commentary on the Life of Christ-

by Edward F. Edinger

Copyright ⓒ 1987
by Edward F. Edinger

Translation copyright ⓒ 2008
by Korea Psychotherapy Institute

본 저작물의 한국어판 저작권은
INNER CITY BOOKS와의 독점계약에 의해
한국어판권을 한국심리치료연구소가 소유하고 있습니다.
저작권법에 의하여 보호를 받는 저작물이므로
무단전제와 무단복제를 금합니다

그리스도인의 원형

발행일 • 2008년 9월 5일
지은이 • 에드워드 에딘저
옮긴이 • 이재훈
펴낸이 • 이재훈
펴낸곳 • 한국심리치료연구소
등록 • 제 22-1005호(1996년 5월 13일)
주소 • 서울시 종로구 적선동 156 (광화문플래티넘 918호)
Tel • 730-2537, 2538   Fax • 730-2539
http://www.orips.net   E mail: orips@orips.net

값 10,000원

ISBN 978-89- 87279-87-9 93180

이 도서의 국립중앙도서관 출판시도서목록(cip)은 홈페이지
(http://www.nl.go.kr/cip.php)에서 이용하실 수 있습니다.
(제어번호: 2008002560)

그리스도인의 원형
-그리스도 사건에 대한 융심리학적 조명-

The Christian Archetype
-A Jungian Commentary on the Life of Christ-

Edward F. Edinger

목차

서문 ·· 11
서론 ·· 13
1장 수태고지 ······························ 19
2장 탄생 ··································· 31
3장 이집트로의 피신 ··················· 39
4장 세례 ··································· 47
5장 예루살렘 입성 ······················ 57
6장 최후의 만찬 ·························· 63
7장 겟세마네 ····························· 71
8장 십자가 죽음 ·························· 81
9장 매질과 조롱당함 ··················· 91
10장 십자가 죽음 ························ 97
11장 비탄과 매장 ······················· 109
12장 부활과 승천 ······················· 115
13장 성령강림 ··························· 125
14장 마리아 승천과 대관식 ········· 135
참고문헌 ································· 143
색인 ······································· 146

첫 그림: 수태고지 (Roger van der Weyden)

그리스도의 삶속에서 일어났던 일은 언제든지 그리고 어디에서든지 일어나고 있다. 모든 사람들은 그리스도께서 사셨던 원형적인 삶을 살도록 부름을 받았다.

— C.G. Jung, Psychology and Religion

그림 목록

첫 그림: 수태고지
1. 수태고지
2. 수태고지
3. 수태고지
4. 탄생
5. 동방박사들과 십자가에 달리심
6. 이집트로의 피신
7. 이집트로의 피신
8. 세례
9. 세례
10. 예루살렘 입성
11. 성전에서 장삿꾼들을 내쫓으심
12. 최후의 만찬
13. 초기 시대의 최후의 만찬
14. 동산에서의 고뇌
15. 천사가 그리스도를 위로하다.

16. 무리에 의해 붙잡히신 그리스도
17. 가야바 앞에 서신 그리스도
18. 매맞으시는 그리스도
19. 조롱당하시는 그리스도
20. 십자가에 달리심
21. 십자가에 달리심
22. 나무로서의 십자가
23. 십자가에 달리심
24. 무덤에 묻히심
25. 지하세계로 내려가심
26. 부활
27. 승천
28. 성령강림
29. 동정녀의 대관식
30. 동정녀 마리아의 대관식과 수은의 추출과정

서문

 이 책은 크리스찬의 신비에 대한 융의 해석을 보여주기 위한 시도이다. 그는 전통적인 종교 안에 담겨 있는 영적 보물을 보존하는 데 관심을 가졌다. 많은 사람들은 하느님이 다시는 예전에 거주하시던 교회 안으로 돌아올 거라고 믿지 않는다. "우리는 지금 그리스어로 카이로스, 즉 신들이 또는 근본적 원리들과 상징들이 변화를 겪는 바로 그 순간에 살고 있다.[1] 신성(numinisum)은 새로운 화육을 찾고 있다. 우리는 위대한 화육 신화인 그리스도 삶을 검토함으로써, 중심적인 삶의 신비를 이해하기 위한 도움을 얻을 수 있을 것이다.

---

1) Jung, "The Undiscovered Self," CW 10 par. 585. (CW는 융 전집을 뜻함)

서론

그리스도의 삶이라는 원형적 드라마는 더 높은 운명에 의해 변형된 한 사람의 의식적인 삶—의식을 초월한 삶을 포함하여—의 사건들에서 상징적으로 드러난다.[2]

---

[2] Jung, "A Psychological Approach to the Trinity," CW 11, par. 233

그리스도의 삶은, 심리적으로 이해하자면, 개인적 자아(ego)안에서 화육을 겪는 자기(self)의 변천과정과 신성한 드라마에 참여하는 자아의 변천과정을 나타낸다. 달리 말하면, 그리스도의 삶은 개성화 과정을 나타낸다. 이 과정이 개인에게서 일어날 때, 그것은 구원이 될 수도 있고 재앙이 될 수도 있다. 그가 교회나 종교적 교의에 의해 보호받고 있는 한 그 과정의 직접적인 경험에 내포된 위험은 겪지 않아도 된다. 그러나 그가 일단 종교적 신화에서 떨어져 나오면, 그는 개성화의 후보가 된다. 융은 다음과 같이 말한다.

> 그리스도 드라마의 원형적인 내용이 많은 사람들의 불편하고 요란한 무의식에 대한 만족스런 표현을 제공해줄 수 있는 한, 이 사건은 보편적인 진리로 드높여질 수 있다-합리적인 판단에 의해서가 아니라 훨씬 더 효과적인 점유(possession)라는 비합리적인 사실에 의해서. 따라서 예수는 모든 사람들을 점유하려고 위협하는 원형적인 힘에 대한 수호자나 부적의 이미지가 되었다. 기쁜 소식은 이렇게 전해졌다: "그 사건이 일어났다. 하지만 당신이 하느님의 아들인 예수를 믿는 한, 당신에게는 그런 일이 일어나지 않을 것이다." 그러나 그것은 그리스도교의 영향력이 줄어드는 사람이라면 누구에게나 일어났고, 일어나고 있으며, 일어날 것이다. 이런 이유로 의식적인 삶의 지배에 만족하지 않고, 영원성의 뿌리를 직접 경험하기 위해 무의식적 정신의 손짓에 이끌려 광야로 나아가고 그곳에서, 예수처럼, 어둠의 아들에 맞서는—비밀스럽게 또는 우회적으로, 그리고 구원을 가져오기도 하고 파멸을 가져오기도 하는 방식으로—사람들이 항상 있어왔다.[3]

---

[3] Jung, Psychology and Alchemy, CW 12, par. 41.

여러 세기에 걸쳐서 일련의 이미지들은 집단 정신(collective psyche) 안에서 원형적인 힘에 맞서는 수호자(부적)로 굳어졌다. 이러한 기독교 예술과 경험의 중심점들은 객관적 정신 그 자체, 즉 "consensus omnium"에 의해 선택된 그리스도의 삶의 본질적 경험들을 나타낸다. 이 이미지들의 수가 정해진 것은 아니지만, 나는 심리적인 측면에서 가장 중요하다고 생각되는 14개의 이미지를 선정했다. 이 일련의 이미지들은 그리스도의 신비가 전개되는 모습을 묘사한다. 그것은 다음과 같이 요약될 수 있다.

하느님의 선재하신 독자가 스스로 자신의 신성을 비우고 성령에 의해 동정녀 마리아에게 잉태됨으로써 인간으로 화육되셨다. 그는 신성한 사건들과 함께 겸허하게 태어나셨고, 초기의 위험에서 살아남으셨다. 성인이 되자 그는 요한에게서 세례를 받고 그의 소명을 의미하는 성령의 임재를 경험한다. 그는 악마의 유혹을 물리치고, 하느님의 사랑과 천국의 도래를 선포하는 사명을 완수한다. 고통스런 불확실성을 거친 후에, 그는 자신의 운명을 받아들이고 체포되어 시련을 겪고 채찍질 당하고 조롱받고 십자가에 못 박힌다. 그는 무덤에 묻힌 지 삼일 만에 많은 목격자들 가운데 부활한 다음, 사십일 동안 제자들과 함께 지내고 나서 승천한다. 그리고 열흘 후 오순절에 약속된 보혜사 성령이 강림한다.

크리스찬 신화를 구성하는 이 연속적인 이미지들은 성령의 강림이라는 동일한 이미지로 시작되고 끝을 맺는다. 이것은 다음과 같은 순환 과정을 보여준다.

화육의 순환 과정

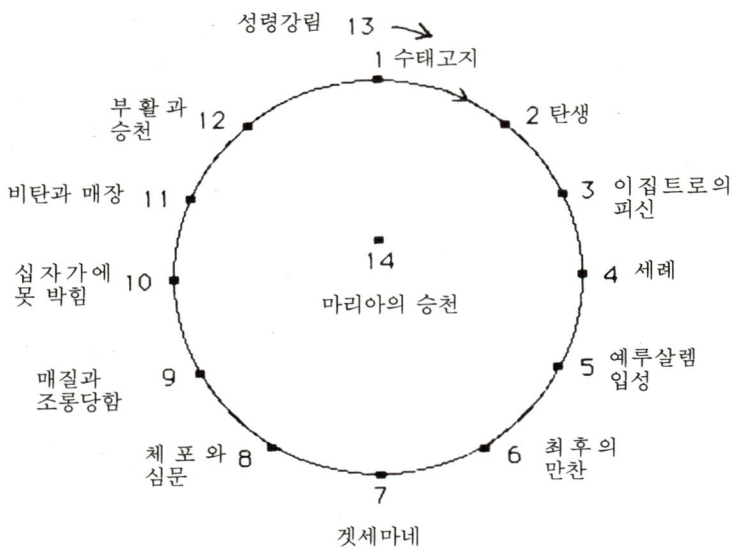

성령강림은 두 번째 고지이다. 첫 번째 고지가 그리스도의 탄생을 예고한 것처럼 두 번째 고지는 교회의 탄생을 예고한다.[4] 그리스도의 몸인 교회는 그리스도가 그러했듯이 같은 연속과정을 따르도록 운명적으로 정해져 있다. 휴고 라너(Hugo Rahner)에 의하면, "땅 위의 그리스도의 몸으로서의 교회의 운명은 이 땅에서의 그리스도의 운명을 따르게 되어 있다. 그 말은 교회가 역사과정 안에서 죽음을 향해 나아가고 있다는 것이다."[5] 그 과정을 집단적으로 수행하는 자로서의 교회의 죽음은 이 원형적 순환과

---

[4] 성령강림절은 교회의 생일로 간주되고 있다.
[5] Jung, Mysterium Coniunctionis, CW 14, par. 28, note 194.

정을 심리적인 이해로 개방시켜주고 그것의 상징주의를 개인에게 양도해준다. 이것이 융이 말하는 "계속되는 화육"이다.

이 순환과정이 인간에게 발생하는 것을 나타내는 한, 그것은 자아가 의식화되는 과정을 나타낸다. 그러나 그것이 인간 안에서 화육된 신에게 일어난 것을 나타내는 한, 그것은 신의 변형을 나타낸다.6) 이 이중적 과정은 이제 개인의 의식적 경험의 범위 안으로 들어오게 되었다. 다시 한 번 성령이 임했다. 이번에는 "많은 사람들의 그리스도화"7)를 위해서 성령이 임한 것이다. 개인에게 있어서 이것이 의미하는 것은 다음과 같다.

> 그리스도를 모방하는 것이 아니라, 정확하게 그 반대이다. 그리스도의 이미지를 자신의 자기 안에 동화해내는 것이다. … 그것은 모방에 의한 의도적 노력의 결과가 아니라, 오히려 거룩한 전승에서 볼 수 있는 것과 같은 불수의적인 실재의 경험이다.8)

---

6) Edinger, The Creation of Consciousness, pp. 91ff.
7) Jung, "Answers to Job," Psychology and Religion, CW 14, 492.
8) Jung, Mysterium Coniunctionis, CW 14, par. 492.

1
수태고지

분석은 저 위로부터 내려왔거나 우리를 사로잡고 있는 경험, 즉 고대인들에게 일어났던 것과 같은 실체와 육체를 가진 것으로 여겨지는 경험을 해방시켜주어야 한다. 만일 내가 그것을 상징화해야 한다면, 나는 "수태고지"(Annunciation)를 선택할 것이다.9)

---

9) Jung, Seminar 1925, p. 111.

20 / 그리스도인의 원형

1. 수태고지
(The Belles Heures of Jean, Duke of Berry)

여섯 달 만에[10] 천사 가브리엘이, 하나님께로부터 갈릴리 지방의 나사렛 동네로 보내심을 받아서, 다윗의 가문에 속한 요셉이라는 사람과 약혼한 처녀에게로 갔다. 그 처녀의 이름은 마리아였다. 천사가 안으로 들어가서, 마리아에게 말하였다. "은혜를 입은 사람아, 기뻐하여라. 주께서 너와 함께 계신다." 마리아는 이 말을 듣고 몹시 놀라 이 인사말이 대체 무슨 뜻일까 라고 생각하였다. 천사가 마리아에게 말하였다. "두려워하지 말아라. 마리아야, 너는 하나님의 은혜를 입었다. 보아라. 네가 잉태하여 아들을 낳을 것이니, 너는 그의 이름을 예수라고 하여라. 그는 위대하게 되고, 가장 높으신 분의 아들이라고 불릴 것이다. 주 하나님께서 그에게 그의 조상 다윗의 왕위를 주실 것이다. 그는 영원히 야곱의 집을 다스리고, 그의 나라는 무궁할 것이다." 마리아가 천사에게 말하기를, "나는 남자를 알지 못하는데, 어떻게 이런 일이 있겠습니까?" 하였다. 천사가 마리아에게 말하였다. "성령이 네게 임하시고, 가장 높으신 분의 능력이 너를 감싸 줄 것이다. 그러므로 태어날 아기는 거룩한 분이요, 하나님의 아들이라고 불릴 것이다. 보아라. 네 친척 엘리사벳도 늙어서 임신하였다. 임신하지 못하는 여자라는 소문이 났으나, 그는 임신한 지 벌써 여섯 달이 되었다. 하나님께는 불가능한 일이 없다." 마리아가 말하기를, "보십시오, 나는 주의 여종입니다. 천사님의 말씀대로 나에게서 이루어지기를 바랍니다" 하였다. 천사는 마리아에게서 떠나갔다. (누가 1:26-38)[11]

제시된 그림은 성령이 마리아에게 비둘기 모습으로 내려와서 고지와 동시에 수태가 이루어지는 순간을 묘사한다(그림 1). "성

---

10) 엘리자베스가 임신한 사실을 말함.
11) 인용된 성서 본문은 주로 표준 새번역판을 따르고 있슴.

령이 네게 임하시고, 가장 높으신 분의 능력이 너를 감싸 줄 것이다"에서 감싸준다(overshadow, episkiazo)는 말은 신의 현존의 구름 안에 둘러싸이는 것을 말한다.12) 구름은 바깥에서 보면 밝지만, 그 안에 둘러싸인 사람에게는 어두움을 가져다준다. 따라서 그리스도의 변모가 일어나는 동안 "구름이 와서 그들을 덮었고, 그들은 구름 안에서 두려워했다." (누가 9:34)

마리아가 야훼의 구름으로 하여금 자신에게 머물도록 허락한 것은 그녀 자신을 상징적으로 광야에서의 성막이나 야훼가 거하는 집인 솔로몬의 성전과 같은 것으로 삼은 것이다. 요술사 그레고리는 하느님이 천사에게 다음과 같은 말을 전하라고 명령했다고 말한다. "나를 위해 성소를 준비케 하라. 화육의 전당을 마련하라. 육신을 가진 나의 세대 이후를 위한 순수한 방을 마련하라. 나의 합리적인(영적 또는 상징적인) 성궤를 간직하고 살아가는 사람들에게 전하라."13)

야훼의 구름에 의해 덮인 어두운 측면은 경전 안에서는 상세하게 설명되어 있지 않다. 그러나 찰스 귀네버트(Charles Guignebert)는 다음과 같이 말한다.

> 고대에는 유대인들과 이교도들이 경쟁적으로 마리아의 명예를 공격했다. 마리아는 그들에 의해서 간부나 직업적인 창녀로 표현되었다. … 사마리아인들은 스스로 이 합창에 참가했는데, 그들의

---

12) 구약에서 구름은 야훼의 현시를 나타낸다. 광야 유랑시절에 이스라엘 사람들은 구름 기둥에 의해 인도되었다(출 13:21). 야훼는 시내 산에서 모세에게 구름 속에서 나타나셨다(출 24:15,16). 성막이 세워졌을 때, 구름이 그것을 덮었다(민 9:15). 솔로몬의 성전이 완성되었을 때, "구름이 주의 집을 가득 채웠다(열왕기 상 8:10).
13) The Ante-Nicene Fathers, vol. 6, p. 66.

책들 중의 하나에서 클레몬트-개니언은 예수를 첩의 아들이라고 옮겼다.[14]

2. 수태고지
(Rembrandt drawing)

---

14) Jesus, pp. 127f.

오리겐은 켈수스에 의해 보고된 예수님의 어머니에 관한 이야기를 다룬 적이 있는데, 그 이야기는 "그녀가 임신했을 때 간음을 했다는 이유로 약혼자인 목수에게 문전 박대를 당하고, 판드라라는 군인에게 아이를 낳아 주었다"는 내용의 이야기였다.[15)]

이 전설적인 이야기는 인간의 경험으로 간주된 수태고지의 사건에 대해 말해준다. 수태고지의 어두운 측면은 그 당시 간통은 사형을 당할 수도 있는 비합법적인 임신이었다는 사실이다. 수태

3. 수태고지
(Giovanni di Paolo)

---

15) "Origen against Celsus," 1, 32, The Ante-Nicene Fathers, vol. 4, p. 410.

고지에 대한 수많은 그림들 중에 극소수만이 "가장 높으신 분에 의해서 그늘진" 어두운 측면을 보여준다.16) 어떤 그림은 수태고지를 에덴동산에서 추방당한 아담과 이브에 비유함으로써 자신도 모르는 사이에 그렇게 한다. 그 그림들은 신에 대한 마리아의 복종이 이브의 불복종과 대조를 이룬다는 사실에 근거해 있다. 지오바니가 그린 수태고지의 그림(그림3)에서는 어두운 날개를 가진 신이 수태고지 장면과 함께 에덴동산에서 추방된 두 사람 곁을 맴도는 모습이 그려져 있다.

바울은 그리스도와 아담을 연관시켜서 말하기를, "아담으로 말미암아 모든 사람이 죽는 것과 같이, 그리스도로 말미암아 모든 사람이 살게 될 것입니다."(고린도전서 15:22) 마찬가지로, 마리아는 이브와 대조되고 있다. 저스틴은 다음과 같이 말한다.

> 그리스도는 뱀의 유혹에 의해 야기된 불복종을 제거하기 위해 처녀에게서 태어났다. 순결한 처녀였던 이브는 뱀의 말을 받아들임으로써 불복종과 죽음을 가져왔다. 그러나 천사 가브리엘이 기쁜 소식을 전했을 때 성령이 그녀에게 임하였으며 가장 높으신 분의 힘이 그녀를 감싸자, 동정녀 마리아는 믿음과 기쁜 소식을 받아드렸다.17)

외경인 야고보 복음서(Protevangelium of James)는 요셉이 마리아의 임신소식을 들었을 때 큰 소리로 다음과 같이 말했다고 기록하고 있다.

> 누가 내 집에서 이런 사악한 일을 하고 그녀를 더럽혔느냐? 아담

---

16) 하나의 예외는 렘브란트의 그림(그림 2)이다.
17) "Dialogue with Trypho," chap. 100, The Ante-Nicene Fathers, vol. 1, p. 249.

의 이야기가 나에게 되풀이 되는 것인가? 아담은 기도 중이이라 없었고, 뱀이 혼자 있는 이브를 발견하고 그녀를 속이고 더럽히더니 그 일이 나에게도 일어났구나?[18]

그레고리는 가브리엘이 뱀을 대신해서 그 자리에 있다고 말한다. "뱀이 여자와 더 이상 말 할 수 없게 하기 위해서 천사가 여자와 이야기한다."[19]

유사성과 대립이라는 대조되는 두 이미지 사이에 심리적인 연결이 수립된다. 뱀에 대한 이브의 복종과 수태고지를 말하는 천사에 대한 마리아의 복종은 유사한 사건이며, 같은 사건에 대한 두 개의 상징적 표현은 자아 발달의 다른 단계에서 발생하는 대립으로 지각된다.

신의 부름에 대한 마리아의 복종은 그녀의 대답에서 표현된다. "나는 주의 여종입니다. 천사님의 말씀대로 나에게서 이루어지기를 바랍니다." 심리적으로 신성과의 만남을 통한 수태를 영혼이 수락하는 것을 의미한다. 이 만남의 결과는 자기(self)에 대한 자아(ego)의 복종으로서 자아는 자기를 섬기게 된다.

성 빅터 휴(Hugh of St. Victor)는 하느님에 대한 마리아의 복종을 사랑의 표현으로 해석했다.

자연스런 수태의 동기는 여자를 향한 남자의 사랑과 남자를 향한 여자의 사랑이지만, 마리아의 경우에는 마음에 타오르는 성령의 사랑이 그녀의 육신 안에서 위대한 일을 행하였다.[20]

---

18) Edgar Hennecke, New Testament Apocrypha, vol. 1, p. 381.
19) The Ante-Nicene Fathers, vol. 6, p. 65.
20) Jacobus de Voragine, The Golden Legend, p. 206.

사랑은 자아와 자기 모두에게 압력을 가하는 개성화에 대한 충동으로 이해된다. 휴는 계속해서 말한다.

> 사랑이여, 당신은 위대한 힘을 가지고 있습니다. 당신은 홀로 하느님을 천국에서 지상으로 내려오게 할 수 있습니다. 하느님까지도 움직일 수 있는 당신의 힘이 얼마나 강한지 … 당신은 당신의 끈으로 묶고 … 당신의 화살로 그 분께 상처를 입혔으며 … 강하신 하느님께 상처를 주고, 이길 수 없는 분을 강제했으며, 움직이지 않은 분을 끌어내렸고, 영원하신 분을 유한한 존재가 되게 했으니 … 오 사랑이여, 당신의 승리가 얼마나 위대한지요![21]

마리아의 동정성은 상징주의의 중요한 부분이다. 동정성과 초개인적 에너지(성화) 사이에는 원형적인 연결이 존재하는 듯하다. 고대 로마 시대에 신녀(神女)들은 성화를 돌보는 사람들이었다. 페루의 잉카에서도 성화는 태양의 신전에서 순결한 동정녀들이 돌보았다. 프레이저(J.G. Frazer)는 다음과 같이 기록한다.

> 페루의 잉카는 레이미라고 부르는 축제를 지내는데, 그것은 유월 춘분 때 태양을 기리는 축제이다. 축제 삼일 전부터 사람들은 단식을 하고 동침을 금하며 수도인 큐스코 안에서는 불을 밝히지 않았다. 새로운 성화는 태양 광선을 찬란하게 빛나는 요면의 접시에 반사시켜 작은 솜뭉치에 비춤으로써 태양에서 직접 얻었다. 새로운 성화의 일부분은 태양의 신전과 여사제관으로 옮겨지고, 그곳에서 일 년 내내 빛을 발하게 된다. 성화가 꺼지는 것은 불길한 징조를 의미한다.[22]

---

21) Jung, Symbols of Transformation, CW 5, par. 97.
22) "Baldur the Beautiful," The Golden Bough, vol. 1, p. 132.

사도 바울은 이렇게 말한다.

> 결혼한 여자와 처녀들 사이에 차이가 있습니다. 결혼하지 않은 여자는 주님의 일에만 마음을 쓰지만, 결혼한 여자는 자기 남편을 어떻게 하면 기쁘게 할까하고 세상일에 마음을 씁니다. (고린도전서 7:34)

심리적 동정성은 개인적 욕망에 오염되지 않았다는 점에서 순수한 태도를 의미한다. 근동 지역의 신전 밖에서 기능하던 성스런 창녀들은 심리적인 동정녀로 간주될 수 있다.[23] 그 동정녀 자아가 바로 초개인적 에너지와 동일시하지 않고도 그것과 충분히 의식적으로 관계 맺을 수 있는 자아이다. 필로(Philo)는 말한다. "자녀의 출산을 위한 남자와의 교제가 처녀를 여자로 만든다. 그러나 신이 영혼과 관련을 맺을 때, 여자였던 그녀는 다시 처녀가 된다.[24] 존 돈(John Donn)은 상징적 순결의 역설적 본성을 표현한다. 처녀가 된다는 것은 신의 창녀가 되는 것이다:

> 내 가슴을 매질하세요, 삼위의 신이시여 …
> 나를 데려다가 가두세요. 왜냐하면
> 당신만이 나를 황홀하게 만들고, 당신 없이는 결코 자유롭지 못할 테니까요,
> 당신이 나를 짓밟지 않고는 순결하지 못하니까요.[25]

---

23) 여성의 심리적 동정성의 의미는 Esther Harding이 그녀의 저서, Women's Mysteries, Ancient and Modern, pp. 124ff에서 논의한 바 있다.
24) Ibid., p. 146.
25) "Holy Sonnets," No. 14.

앙겔루스 실레시우스(Angelus Silesius)는 다음과 같이 말한다.

만약 성령이 당신을 속인다면,
당신의 영혼은 분명코 잉태하게 될 것이다.

신은 나를 잉태케 하고, 그 분의 영은 나를 덮는다,
신은 내 영혼 안에서 일어서시고, 나를 산산조각 내신다.

가브리엘 천사의 마리아 찬가는 무슨 의미가 있는가?
그가 내게 똑 같은 인사말을 건네지 않는다면.

2
탄생

개인적인 자아는 아기 그리스도가 태어나는 마구간이다.27)

---

27) 융의 언급에서 따온 말임("We are no more than the manger in which the Lord is born." —CW 11, par. 267).

4. 탄생
(The Belles Heures of Jean, Duke of Berry)

그 때에 아우구스투스가 칙령을 내려서 온 세계가 호적등록을 하게 되었는데, 이 첫 번째 호적은 구레노가 시리아의 총독으로 있을 때 시행한 것이다. 모든 사람들이 호적등록을 하러 저마다 자기 동네로 갔다. 요셉은 다윗 가문의 자손이므로, 갈릴리의 나사렛 동네에서 유대에 있는 베들레헴이라는 다윗의 동네로, 자기의 약혼자인 마리아와 함께 등록하러 올라갔다. 그 때에 마리아는 임신 중이었는데, 그들이 거기에 머물러 있는 동안에, 마리아가 해산할 날이 되었다. 마리아가 첫 아들을 낳아, 프대기에 싸서, 구유에 눕혀 두었다. 여관에는 그들이 들어갈 방이 없었기 때문이다. (누가 2;1-7) (그림 4)

탄생 이야기는 "온 세계가 호적등록을 하게 되었다"로 시작한다. 호구조사가 실시된 것이다. 의식의 총체, 즉 우주의 궤도나 전체의 순환을 담아내려는 노력은 신의 아들의 탄생이 시작되는 것을 말한다. 그리스도의 탄생에 앞서 시행하는 지상의 인구조사는 그리스도가 이 땅에 오시는 데 따른 결과로서, 천국의 인구조사가 시행되는 것을 암시한다. 그리스도가 그의 제자들에게 이르기를, "악령들이 너에게 복종한다고 기뻐하기보다, 네 이름이 하늘에 기록 된 것을 기뻐하여라."(누가 10:20) 그리고 히브리서는 믿는 자를 하늘에 이름이 기록된 장자들의 교회로 묘사하고 있다. (12:23)

그리스도는 베들레헴에서 탄생했지만 그의 고향은 갈리리 나사렛 마을이다. 그는 이처럼 두 개의 가문을 가지고 있다. 그의 탄생에 대한 두 가지 견해는 그가 쌍둥이라는 설화를 만들어냈다. 가현설(Docetism)은 예수가 인간인 예수와, 세례 때 그에게 온 신성인 그리스도로 이루어진 이중적 존재이며, 그의 신성은 그의 활동 시기동안 함께 있다가 십자가에서 그를 버렸다고 설명한다.

피스티스 소피아(Pistis Sophia)는 다음과 같은 예수의 소년 시절 이야기를 전한다. 유령(phantom spirit)이 마리아에게 와서 자신이 만나야하는 형제 예수는 어디 있느냐고 물었다. 그들이 같이 왔을 때, 그는 예수의 손을 잡고 키스했고 예수도 그에게 입 맞추었으며, 그들은 하나가 되었다.[28]

전설에 의하면 메시아는 이중적 본성을 갖고 있다.

> 후기 유대교 신비철학은 요셉 벤과 데이빗 벤이라는 두 메시아에 대해서 말하는데, 그들은 모세와 아론, 솔로몬의 노래에 나오는 두 노루에 비유되고 있다. "두 개의 가슴은 쌍둥이인 어린 노루 같구나!"라고 솔로몬은 노래했다. 신명기 32:17에 따르면, 요셉 벤은 거세한 수소의 첫 자식이며 데이비드 벤은 당나귀를 탄다. 요셉 벤은 야훼의 자식들을 위해서 그의 피로 속죄하고 죽어야 했다. 그가 신에 대항해서 싸우자 반-메시아이며 사탄에게서 난 아미루스가 그를 죽인다. 그러자 그 대가로 데이비드 벤이 아미루스를 죽이고 하늘로부터 새 예루살렘을 건설하고 요셉 벤을 재생시킨다. 코란의 주석자인 타바리는 반-그리스도인은 유대인의 왕이 될 것이라고 언급하고 있고, 아바베넬은 예슈아의 마시미아라는 책에서 메시아 요셉은 사실상 반-그리스도인이라고 말한다. 그래서 그는 승자이면서도 고통 받는 메시아로 묘사될 뿐만 아니라, 결국은 적대자로 간주된다.[29]

메시아 벤 요셉은 나사렛에서 태어난 예수에 해당하며, 이는 자기(Self)의 개인적인 측면이다. 메시아 데이빗은 다윗의 도시인 베들레헴에서 태어난 예수에 해당한다. 그는 조상 다윗의 아들로

---

28) Pistis Sophia, ed. and trans. G.R.S, Mead, p. 101.
29) Jung, Aion, CW 9·¢, par. 168.

서, 자기의 초개인적 측면을 나타낸다. 이것은 신 디오스쿠로이의 쌍둥이인, 죽을 수밖에 없는 카스토와 영원히 죽지 않는 폴럭스와 유사한 이미지이다.

"그리고 그녀가 첫 아들을 낳았다"에서, 첫 아들의 의미는 야훼에게 특별한 의미를 갖는다. 그들은 구원받지 않으면 희생될 수밖에 없다. "이스라엘 자손 중에 사람이나 짐승이나 첫 열매는 나에게 바치라. 그것은 내 것이니라."(출애굽기 13:2) 이스라엘의 이집트 탈출을 위해 희생된 사람들은 이집트의 장자들이었다. 시편 89:27에서 메시아인 야훼는 "내가 그를 나의 장자로 삼아 세계의 왕들 중에 으뜸이 되게 하며"라고 공표한다. 바울은 그리스도는 한편으로 "미리 존재하는 자이며, 보이지 않는 하느님의 형상이며, 각각의 생물의 장자"라고 묘사한다. 그에 의해서 모든 것이 창조되었다.(고린도전서 1:5,6) 그리고 다른 한편으로 그는 죽을 수밖에 없었고 죽음에서 부활한 첫 번째 장자이다. (고린도서 1:18) 후에 그는 많은 형제의 장자이며(로마서 8:29) 교회의 맏아들로서 하늘에 이름이 기록되어 있다. (히브리서 12:23)

이것은 일시적이며 영구적이고, 희생된 피해자인 동시에 통치하는 왕이며, 죽어서 다시 태어날 수밖에 없는 역설적인 현상을 나타낸다.

어린 그리스도가 "구유에 누워있다. 왜냐하던 그 여관에 그들을 위한 방이 없었기 때문이다." "여관"이라는 용어는 신약성서에서 단 한번 사용된다. 마가복음 14:14와 누가복음 22:1에서 유사하게 사용되는 데, 최후의 만찬을 준비하기 위한 장소를 알아보기 위해 제자들을 마을로 보내실 때, 내가 제자들과 유월절 만찬을 가질 여관을 알아보라고 하신다. 영지주의자들은 이 세상을 여관에 비유한다. 영지주의 문헌인 "진주의 찬가"에서는 영혼이 화육하고 이집트에 머물기 위해 하늘에서 내려오는데, 이것을

"여관에 머무는 사람들의 이방인 친구"라고 묘사한다.30)

이 세상에는 자기(Self)의 탄생을 위한 방이 없다. 그것은 예외적인 일이기 때문에, 현상 유지라는 관점에서 보면 그것은 현세 외적인 것, 탈선이나 심지어 범죄와 같은 것으로 발생할 수밖에 없다. 그가 육체를 가진 존재라는 잔인한 사실의 희생자가 되지 않기 위해서는, 그는 이 세상을 벗어난 입장에 서야만 한다. "이 세상 바깥의 관점에 서 있을 때에만, 삶의 외적 조건에 대한 태도를 가질 수 있다."31) 자기의 탄생은 세상과 그것의 이성에 대한 반대 추로 작용하는 비현세적인 권위와 인간 사이의 개인적이고 상호적인 강렬한 관계를 만들어냄으로써 자체의 판단 기준을 갖는다.32)

동물에게 자기가 생겨나는 것을 의미하는 탄생은 본능적 과정, 즉 우리 존재의 생물학에 뿌리를 둔 살아 있는 본성의 일부이다. 융이 그의 환자에게 말했듯이, 초개인적인 자기 경험이 팽창을 겪지 않으려면 "균형을 이루기 위한 많은 낮아짐을 필요로 한다." "당신은 생쥐의 수준으로 낮아질 필요가 있다."33) 겸손과 위대함이 만나는 지점은 어린 그리스도를 경배하려고 온 목동들과 동방박사들로 대표되고 있다.

마태복음 2:1f에 의하면 "현자들이 동방에서 예루살렘으로 와서 말하기를 유대의 왕으로 태어나신 분이 어디 있느냐? 우리가 동방에서 그의 별을 보고 그를 경배하려 왔다."(그림 5) 동방박사나 현자들의 수는 정확하지 않으나 초기 기독교 예술에는 두 명이나 네 명, 가끔은 여섯 명으로 나타났다가 중세기 후반에 이르

---

30) Hans Jonas, The Gnostic Religion, p. 103. 또한 Edinger, Ego and Archetype, pp. 119ff를 보라.
31) Jung, "The Undiscovered Self," Civilization in Transition, CW 10, par. 506.
32) Ibid., par. 509.
33) C.G. Jung Speaking, p. 29.

제 2 장 탄생 / 37

5. 동방박사들과 십자가에 달리심
(Ivory diptych)

러 세 명으로 굳어졌다.34) 현대인의 꿈에서 그 수는 다시 네 명으로 바뀌었다.35) 이 차이는 아마 중세 정신이 신적 형상을 형이상학적 본질로서 경험한 데 반해 현대인은 그것을 정신적 현실로서 경험하기 때문일 것이다. 네 번째 요소의 문제는 항상 심리적 사실의 관념과 그것의 경험적 현실 사이에 놓여있다.

교부들은 탄생의 별을 발람의 예언서에서 나오는 야곱의 별과 연관시켰다. 한 별이 야곱에서 나오며, 한 홀이 이스라엘에서 일어나 모압을 치고 세드의 모든 자식들을 모두 멸망시키리라. (민수기 24:17) 융은 다음과 같이 지적한다.

고대로부터 비단 유대인뿐만 아니라 모든 동방 지역에 살고 있는

---

34) James Hall, Dictionary of Subjects and Symbols in Art, p. 6.
35) 이것에 대한 예를 찾아보려면, Edinger, Ego and Archetype p. 126을 보라.

사람들에게는 위대한 사람의 탄생을 별의 탄생과 같은 것으로 보는 전승이 있었다. 메시아에 대한 희망은 항상 별의 출현과 연결되어 있다.36)

안디옥 이그나티우스는 탄생 별(Nativity star)에 대해 다음과 같이 말한다.

한 별이 그 전에 있던 모든 별 위에서 빛나는데, 그 빛은 형언 할 수 없고 그 신기함은 인간을 놀라게 했다. 태양과 달과, 다른 모든 별들이 이 별을 한 목소리로 찬양하였는데, 그 밝기가 다른 별들을 압도했다.37)

다른 모든 별보다 빛나는 하나의 별은 무의식의 여러 발광체 중에서 단자 또는 모나드를 나타내며, 이는 자기의 상징으로 간주된다.38)

하늘에서 그 별이 태어나는 동시에 지상에서 그리스도가 탄생한 것은 또 다른 이중 탄생의 동기를 말해준다. 이것은 예수의 초개인적이고 우주적인 짝을 가리킨다. 이 주제는 현대인의 꿈에서 일어났다.39) 교회는 동절기 극점에 탄생 축제인 크리스마스를 제정하고, 이교도의 표상이었던 새로운 태양의 탄생을 받아들였는데, 이것은 상징적으로 탄생 별과 같은 것으로 보인다.

---

36) Aion, CW 9 ii , par. 179f.
37) "Epistle to the Ephesians," The Ante-Nicene Fathers, vol. 1, p. 57.
38) Jung, "On the Nature of the Psyche," The Structure and Dynamics of the Psyche, CW 8, par. 388.
39) 이것에 대한 예를 찾아보려면, Edinger, Ego and Archetype, p. 159와 Anatomy of the Psyche, pp. 88f를 보라.

3

이집트로의 피신

꽃봉오리가 열리고, 낮은 것에서 위대한 것이 출현하는 삶의 정상에 도달하는 순간에, 니체가 말하듯이, 하나가 둘이 되고, 항상 있었지만 보이지 않던 위대한 이미지가 계시의 힘과 함께 비천한 사람에게 그 모습을 드러낸다…—치명적인 위험의 순간![40]

---

[40] Jung, "Concerning Rebirth," The Archetypes and the Collective Unconscious, CW 9 ⅰ, par. 217.

6. 이집트로의 피신
(Boucicaut Master)

박사들이 돌아간 뒤에 주의 천사가 꿈에 요셉에게 나타나서 말하였다. "헤롯이 아기를 찾아서 죽이려고 하니, 일어나서 아기와 어머니를 데리고, 이집트로 피신하고, 내가 네게 일러줄 때까지 그곳에 있어라." 요셉이 일어나서, 밤사이에 아기와 그 어머니를 데리고 이집트로 피신하여, 헤롯이 죽을 때까지 거기에 있었다. 이것은 주께서 예언자를 시켜서 말씀하신 바, "내가 이집트에서 내 아들을 불러냈다" 하신 말씀을 이루려고 하신 것이었다. 헤롯은 박사들에게 속은 것을 알고, 몹시 노하였다. 그는 사람을 보내어, 그 박사들에게 알아본 때를 기준으로, 베들레헴과 그 가까운 지역에 사는, 두 살짜리부터 그 아래의 사내아이를 모조리 죽였다. 이리하여 예언자 예레미야를 시켜서 하신 말씀이 이루어졌다. "라마에서 소리가 들려 왔다. 울부짖으며, 크게 애통하는 소리다. 라헬이 자식들을 잃고 우는데, 자식들이 없어졌으므로, 위로를 받으려 하지 않았다." (마태 2:13-18) (그림 6)

영웅이나 신성한 아이의 탄생은 전형적으로 생명에 대한 위협을 수반한다.[41] 권위자(현재의 왕)는 미래의 왕에 의해 대체되는 것을 두려워한다. 그래서 새로 태어난 위대한 자는 항상 현 지배자에 의해 치명적인 위협을 받게 된다.

헤롯왕은 예술적 표현에서 그다지 호의적으로 취급되지 않고 있다. 예외가 있다면, 그것은 베를리오즈(프랑스 작곡가)의 아기 그리스도(L'Enfance, du Christ)에 나오는 헤롯 찬가일 것이다.

또 그 꿈이군요. 나를 쫓아내는 아이 꿈 말이에요.
내 영광과 존재를 위협하는 이 불길한 예감에 대처

---

[41] Dionysus, Perseus, Oedipus, Moses 등의 탄생을 참조하라.

알고 싶지도 생각하고 싶지도 않아요.
오, 왕의 비참함이여!
지배하면서도 살지 못하고,
모든 사람들에게 법을 집행하면서도
목동을 따라 숲으로 들어가고 싶어 하다니!
바닥을 알 수 없는 밤이
깊은 잠에 빠지지 않도록
세상을 붙든 채
찢어진 내 가슴에 한 시간의 평화를 주고
자신의 그림자로 나의 우울한 눈썹을 어루만져주네
오, 왕의 비참함이여
모든 노력은 수포로 돌아가고
단잠은 나를 외면하네
나의 헛된 불평은
그대의 빠른 발걸음을 따라가지 못하네, 오 끝없는 밤이여.

　이 시에서 표현된 것과 같은 마음 상태에서 어린아이들을 대량 학살하겠다는 생각이 생겨난다. 이것은 왕위를 빼앗기는 것에 대한 헤롯의 두려움의 결과이지만, 더 깊은 의미에서는 예수의 탄생에 따른 필연적인 결과이다. 자기의 탄생은 문자 그대로 파국적 사건, 즉 위험과 폭력을 내포하고 있는 원형적 역동이다.
　성스런 가족은 헤롯의 대량 학살을 피해 이집트로 도피해야 했을 뿐만 아니라, "이집트에서 내 아들을 불렀다"라는 예언자의 말씀이 이루어지게 해야만 했다. 다시 말해서, 예정된 원형적 패턴이 사건의 진로를 지시한다. 호세아 11:1은 "이스라엘이 어린아이였을 때, 나는 그를 사랑했고 이집트에서 내 아들을 불러내었다. 이것은 그리스도가 이스라엘을 대표하는 신약성서 안의 많은 예들 중의 하나이다.

구약성서의 어법에서 이스라엘 민족은 "야훼의 아들"을 집단적으로 표현할 때 사용된다. 신약성서는 이스라엘 민족이 집단적으로 간직하고 있는 종교적인 의미를 끌어 모아 그리스도, 즉 신이며 인간인 한 인물에게 옮겨놓음으로써, 그리스도를 이스라엘이 인격화된 존재로 만들고 있다. 이것은 집단 심리로 가는 것과 반대 모습을 보여준다. 그러나 그리스도의 이미지는 유일한 형이상학적 본질이기 때문에 이 개별화 과정은 불완전한 상태로 남는다. 이 과정을 완성하는 것은 심층심리학의 과제이다. "초개인적"(Transpersonal)이라는 말의 의미는 처음에는 유대인들에 의해서 집단적으로, 그 다음에는 형이상학적 이미지인 신이며 인간이신(여전히 집단적으로 예배되고 있는) 그리스도에 의해서 개별적으로, 그리고 지금은 개인의 심리적 경험으로 변화되어 왔다.

어린아이들의 대량 학살은 구약성서의 예레미아 31:15에서 그 전조를 찾을 수 있다; "비탄의 소리, 애통의 소리가 라마에서 들린다. 라헬이 슬퍼 통곡하며, 자식이 없어 위로받기를 거절한다." 이것의 원래 배경은 라헬이 앗시리아에 의해서 살해되고 추방당한 메나셋과 벤자민을 위해 통곡하는 장면이다.[42] 그 다음에 인용된 구절은 곧바로 구원을 약속한다. "주님께서 말씀하시기를, 울음을 참고 눈물을 거두어라. 네 일에 보상을 받을 것이다. 즉 그들이 적의 땅에서 돌아 올 것이다."(예레미야 31:16)

그리스도가 이집트로 도피했다가 그곳에서 다시 벗어나도록 부름 받는 것은 이스라엘이 이집트로부터의 대 탈출뿐만 아니라 패배와 속박이 있은 다음에 부흥이 있을 것임에 대한 예레미야서

---

[42] Jerusalem Bible, Matt. 2:17.

44 / 그리스도인의 원형

7. 이집트로의 피신
(The Belles Heures of Jean, Duke of Berry)

의 예언을 예시하고 있다. 이 예언은 정신 안에서는 어떤 새로운 것도 앞서 확립된 패턴을 따라 의식 안으로 들어올 수 있다는 사실을 말해준다. 이와 같이, 심층심리학의 새로운 발견들은 성서 이미지의 재해석을 통해서 현대인의 정신 안으로 들어올 수 있다.[43]

전승에 따르면, 기적은 이집트로 여행하는 도중에 일어났다. 성 가족이 지나가자 우상들이 받침대에서 떨어져 내렸는데(그림 7), 이는 자기의 탄생과 함께 잘못된 가치들이 와해되었음을 가리킨다. 아침에 씨를 뿌리면 오후에 추수를 할 수 있을 정도로 밀이 빨리 자라나는 기적이 일어났다. 이 이야기는 그리스도를 자라나는 영과 비옥함의 원리와 일치시키고 있다. 이것은 종종 자기의 강력한 힘이 집중되어 있는(constellated Self) 지역에서 발생하는, 자연원리로부터의 일시적인 일탈 현상을 가리킨다. 시간과 영원이 교차될 때, 거기에서는 시간, 공간 인과성이라는 일반적인 의식의 범주가 잠시 중단될 수도 있다.

영지주의자에게 있어서, 이집트는 가장 어두운 죄의 지역과 육체적 존재인 몸을 나타낸다.[44] 영지주의 문서인 "진주의 찬송"에서는 뱀이 움켜진 진주를 구하기 위해서 하늘 아버지의 아들이 이집트로 내려온다고 기록한다.[45] 이것은 응고 또는 화육 신화의 하나로서,[46] 이집트로 도피하는 것도 그것들 중의 하나의 변형에 속한다. 값이 많이 나가는 진주가 이집트에서 발견된다는 것은,

---

43) 1 "최상의 영적 전통에 뿌리를 두지 않은 재생은 모두 일시적인 것에 지나지 않는다. 역사적인 것에 뿌리를 두고 있는 것은 마치 자아 중심적인 사람처럼 행동한다. 그는 그것을 소유하지 못한다. 그것이 그를 소유한다." Jung, Mysterium Coniunctionis, CW 14, par. 52.
44) Ibid., par. 257.
45) 1 Edinger, Ego and Archetypes, pp. 119ff.
46) 1 Edinger, Anatomy of the Psyche, pp. 104ff.

영은 물질과의 완전한 만남을 필요로 하며, 자기(진주)는 이집트인 즉, 세속적 자아(ego)의 실현을 필요로 한다는 사실을 말해준다.

4
세 례

결국 인간으로 하여금 자신의 길을 가고, 대중과의 무의식적 동일시로부터 벗어날 수 있도록 이끄는 것은 무엇일까? 그것은 흔히 소명이라고 불리는, 피할 수 없는 신의 법칙처럼 행동하는 것이다. 소명을 받은 사람은 누구나 내면의 소리를 듣는다. 그는 부름을 받은 것이다.[47]

---

47) Jung, "The Development of Personality," The Development of Personality, CW 17, par. 299f.1)

48 / 그리스도인의 원형

8. 세례
(The Grands Heures of Jean, Duke of Berry)

그 때에 예수께서 요한에게 세례를 받으시려고 갈릴리를 떠나 요단강으로 요한을 찾아오셨다. 그러나 요한은 "내가 선생님께 세례를 받아야 할 터인데, 선생님께서 내게 오셨습니까?"하고 말하면서 말렸다. 예수께서 대답하셨다. "지금은 그렇게 하도록 하여라. 이렇게 하여, 우리가 모든 의를 이루는 것이 옳다." 그제서야 요한이 허락하였다. 예수께서 세례를 받으시고, 곧 물에서 올라오셨다. 그 때에 그에게 하늘이 열렸다. 그는 하나님의 영이 비둘기 같이 내려와 자기 위에 오시는 것을 보았다. 그리고 하늘로부터 "이는 내 사랑하는 아들이다. 내가 그를 좋아한다" 하시는 소리가 들려왔다. (마태 3:13-17)(그림 8)

예수의 세례는 용해(solutio)의 고통으로 들어가는 입문식을,[48] 즉 죽음과 재탄생의 드라마를 나타낸다. 그 드라마 안에서 자아(ego)는 초개인적 운명과 만나 그것에 헌신한다. 그것은 교회 세례 예식의 전형으로서, 낡은 생명은 죽고 그리스도의 영원한 삶 안에서 새로 태어나는 것을 의미한다. 사도 바울은 "우리는 세례를 통해서 그분과 함께 죽고 묻히는 것입니다. 그리스도께서 아버지의 영광에 의해 죽은 자들 가운데서 다시 살아나신 것처럼 우리도 새 생명을 얻어 살아가야 합니다. (로마서 6:4)

요한에 의해 세례를 받았다는 것은 그리스도가 처음에 세례 요한의 추종자였음을 가리킨다. 그는 다른 한 사람의 안내 하에 무의식 속에 자신을 침잠케 한 것이다. 이것은 자율 정신의 경험을, 즉 성령의 강림을 수반했다. 이것은 분석에서 피분석가가 전이 안에 자신을 내맡길 때에 일어나는 것과도 유사하다. 개인적 의존과 투사로서 시작한 것이 개인을 객관적 정신과의 고유한

---

[48] Edinger, Anatomy of the Psyche, pp. 47ff.

만남으로 인도할 수 있다. 요한의 세례에 기꺼이 임하는 그리스도의 자발성은 다음의 신비한 구절에서 설명된다. "그것은 모든 의를 이루기 위한 것이다." 이것은 초개인적인 "타자"를 내면에서 경험하기 위해서는 처음에 자신을 다른 하나인 외적 권위에 복종시키는 것이 타당하고 옳은 일이라는 의미라고 나는 본다. 우리는 심리적 도제 제도가 필요한 것이다. (그림9)

가현설에 따르면, 신성한 그리스도의 본성은 세례 시에 인간 예수에게 임했고, 인간 예수를 계속해서 도구로 사용하게 된다. 이레니우스에 따르면, 영지주의는 두 개의 세례에 대해서 말한다.

> 완전한 지식을 얻은 자들은 모든 것 위에 있는 능력 안에서 다시 태어나지 않으면 안 된다. 왜냐하면 그렇지 않고는 영계 안으로 들어갈 수 없기 때문이다. 이 재생은 그들을 지하의 깊은 곳으로 데리고 간다. 눈에 보이는 예수에 의해 행해진 세례는 죄의 용서를 위함이고, 그리스도에 의해 임한 구속은 완전함을 위한 것이다. 전자는 육적이고 후자는 영적이다. 요한의 세례는 회개를 위해 선포되었지만, 예수의 구속은 완전함을 위한 것이다. 이에 그가 말하기를 "나는 또 다른 세례를 받아야 하니 서둘러야 한다." (누가 12:30)[49]

두 개의 세례는 심리적으로 다른 사람에 의해 행해지는 고백의 세례와 자기에게 응답해야만 한다는 것을 깨닫는 개인에 의해 행해지는 자율적 정신의 세례를 가리킨다. 요한이 말하기를, "나는 너희를 회개시키려고 물로 세례를 주지만, 내 뒤에 오시는 분은 성령과 불로 세례를 주실 것이다. 그는 나보다 위대한 분이

---

49) "Against Heresies," Ⅰ, XXI,2, The Ante-Nicene Fathers, vol. 1, p. 345.

제4장 세례 / 51

9. 세례(Rembrandt drawing)

어서 나는 그의 신발을 들고 다닐 자격조차 없다." (마태 3:11)
몇몇 고대 문서들은 그리스도가 세례 받을 때에 요르단 지역에 불이 나타났다고 진술한다.50) 저스틴은 이렇게 말한다. "예수가 요한이 세례를 베풀고 있는 요단강으로 들어가자 요단강에 불이 붙었고, 그가 물에서 나오자 성령이 비둘기 모양으로 그에게 비쳤다."51) 해석자는 주석에서 "아마도 아마 성령이 임할 때 불(sheckinah)이 함께 타올랐던 것 같다"고 말한다. 하지만 다니엘로는 그것을 조금 달리 표현한다.
이 전승에서 불은 심판의 불을 암시하는 것으로 보이며, 이것은

---

50) Jean Danielou, The Theology of Jewish Christianity, p. 227.
51) "Dialogue with Trypho," chap. 88, The Ante-Nicene Fathers, vol. 1, p. 243.

여러 기록들에서 언급되고 있다. 예컨대, "시빌라인 신탁"(Sibyline Oracles)이라는 글은 다음과 같이 기록하고 있다. "그(하느님의 아들)가 육신의 탄생에 따른 두 번째 탄생 이후에 푸르고 완만한 요단강에서 세례를 받고 있었는데, 그때 그는 그 심판의 불을 피했다. 그는 흰 비둘기의 날개를 타고 성령으로 임하시는 하나님을 본 첫 번째 사람이 될 것이다."(VI,3-7) 원문은 분명히 그리스도가 세례를 받음으로써 불로부터 구제되었음을 암시하고 있으며, 그 때 성령이 임했다는 것은 그리스도가 요단강에 들어가는 순간에 불이 출현했다는 저스틴의 생각과 일치한다. 그리스도가 세례 시에 심판의 불에서 구원받았다는 견해는 "신탁"의 다른 곳에서도 나타나고 있다. "깨끗한 물에서 당신이 세례를 베푸시는 그때, 불로부터 당신(말씀)이 나타나셨습니다." (VII, 83-84)

같은 개념이 테오도토의 발췌록(Excerpta ex Theodoto)에서 발견된다. 클레멘트가 발렌디너스의 제자들에게 베푼 가르침에서 다음의 내용이 포함되어 있다. "구세주의 탄생이 우리를 운명으로부터 구원하였듯이, 그의 세례는 우리를 불에서 구해냈고, 그의 수난은 우리를 고통으로부터 구했다. (76,1)[52]

다른 문서들은 "위대한 빛"에 대해 말한다.[53]
심리적으로 이해하면 빛이나 불, 야훼의 영광, 최후의 심판의 불, 성령으로 오는 비둘기는 모두 같은 현상, 즉 자율적 정신의 현시를 나타낸다.[54]
불과 빛 외에도 그 세례는 목소리를 동반한다. 가끔 꿈속에서

---

52) Jean Danielou, The Theology of Jewish Christianity, p. 228.
53) Ibid., p. 230.
54) Edinger, Anatomy of the Psyche, pp. 17ff. 불은 하소(calcinatio) 상징주의와 관련되어 있다.

듣게 되는 권위 있는 목소리는 극도의 존경을 요구한다.[55] "이는 내가 사랑하는 아들, 내가 기뻐하는 아들이다." 이 진술은 이사야 42-1에 나오는 "야훼의 종, 내가 붙들고, 택하고, 기뻐하는 나의 종을 보라. 내가 그에게 영을 주었다"라는 구절과 유사한 것으로서, 자아(ego)가 그것의 소명과 운명을 받아들일 때 자기(self)의 사랑과 지지를 받게 되는 것을 의미한다.

시편 74:13은 "당신의 힘으로 바다를 나누고, 물 한가운데서 용들의 머리를 깨뜨렸다"고 기록하고 있다. 예루살렘의 키릴로스는 이 본문을 그리스도의 세례에 적용했다. "용의 머리를 쳐부숴야 했기 때문에 그는 물속으로 내려가서 힘센 용들을 묶었다.[56] 다니엘루는 죽음의 바다 속에 숨어있는 용의 주제와 용의 영역으로 내려간 그리스도의 세례는 전통을 계승하고 있다는 점을 주목한다.[57] 이것에 수반되는 놀라운 생각은 그리스도의 세례가 물 속에 거주하는 악령의 세력을 파괴함으로써 물을 청결케 했다는 것이다.[58] 이그나티우스는 "그는 태어났고, 세례를 받았으며, 수난을 받음으로써 물을 청결케 했다"[59]고 썼다. 알렉산더의 클레멘트는 이렇게 말한다.

> 주님은 스스로 세례를 받으셨다. 그것은 자신을 위해서가 아니라, 물로 세례를 받고 새로 태어날 사람들을 위해서였다. 그는 세례에서 물을 성화한 것이다. 그렇게 해서 우리의 몸뿐만 아니라 영혼도 깨끗하게 될 수 있게 되었다. 우리 존재의 보이지 않는 부분

---

55) Jung, Psychology and Alchemy, CW 12, pars. 115 & 294.
56) Jean Danielou, The Theology of Jewish Christianity, p. 225.
57) IIbid.
58) Ibid., p. 226.
59) The Ante-Nicene Fathers, vol. 1, p. 57.

> 들이 성화되었다는 사실은 우리의 영혼을 분열시키는 불순한 영들조차도 새로운 영적 탄생의 시간에 제거되었다는 것을 의미한다. 60)

물의 성화와 정화라는 개념은 무의식 자체의 변형을 암시한다. 한 때 악마(자아를 점유하고자 하는 자율적 콤플렉스)의 거주지였던 영역은 증가되는 의식(자각)을 통해서 성스러운, 초개인적 존재의 기반으로 경험되게 된다.

그리스도의 세례는 그의 운명과의 조우를 의미한다. 그것은 동시적으로 요한과 성령에 의한 능동적인 헌신이요 수동적인 기름바름의 사건이다. 개성화를 추구하는 심리학에서 운명과 정체성은 동일한 것이며, 그것은 "나는 무엇인가?"와 "나는 누구인가?"라는 한 쌍의 질문61)으로 표현된다. 주님의 길을 예비하기 위해 "먼저 온 자"인 세례 요한이(마태 3:3) 이 질문을 제기했다. 그가 헤롯의 감옥에 갇혀 있는 동안 그는 사람을 보내어 그리스도에게 물었다. "오시기로 되어 있는 분이 바로 선생님이십니까? 그렇지 않으면 우리가 다른 분을 기다려야 합니까? (마태 11:3) 그리스도의 대답은 간접적인 형태를 띠고 있다.

> 가서 너희가 듣고 본 대로 요한에게 전하라. 소경이 보고 절름발이가 걸으며 나병 환자가 깨끗해지고 귀머거리가 들으며 죽은 사람이 살아나고 가난한 사람에게 복음이 전해진다. (마태 11:4,5)

---

60) "Eclogae Propheticae," 7, Danielou, The Theology of Jewish Christianity, p. 227.
61) 누구인가와 무엇인가에 따라 인격적인 것과 비인격적인 것이 구별된다. "누구는 자아를 가리키고, 무엇은 자기를 가리킨다." Jung, Mysterium Coniunctionis, CW 14, par. 362, note 51.

이 답은 자기의 효과, 즉 통찰, 인식, 치유, 재생된 생명력을 언급하는 것을 통해서 자기의 현존을 인정하면서도, 자신을 자기와 명백하게 일치시키는 것을 피하고 있다.

"오시기로 되어 있는 분이 바로 당신이십니까?"라는 질문은 개성화에서 결정적인 질문이다. 일단 그 질문을 했다는 것은[62] 주사위는 던져졌고 좋든 싫든 그 과정은 진행되어야 한다는 것을 의미한다. 영지주의는 이 질문에 대해 그들의 유명한 문구로 대답한다. "자유롭게 된다는 것은 우리가 누구였는지, 무엇이었는지, 어디에 있었는지, 어디로 던져졌는지, 어디로 내달릴지, 어디로부터 구원 받을지, 무엇이 탄생이고 무엇이 재 탄생인지를 아는 것이다."[63]

세례 직후의 사건에 대해 우리는 다음과 같은 기록을 읽게 된다. "그 뒤에 예수께서 성령의 인도로 광야에 나가 악마에게 유혹을 받으셨다."(마태 4:1) 이 연속적인 사건은 자기(Self)와의 만남에 수반되는 팽창의 위험을 언급한다. 그리스도를 축복했던 성령이 악마로 변하고 유혹자가 된다. 이 이미지는 자아가 초개인적 에너지와 동일시하고, 그것을 개인적인 힘을 위해 사용하고 싶어지는 유혹을 나타낸다.

유혹 이야기는 예수가 만났던 심리적 힘의 본성을 분명하게 드러낸다. 예수를 광야의 음침한 유혹으로 인도한 것은 당시를 지배하고 있던 권력에 취한 시저 심리학이라는 악마였다. 이 악마는 로마제국의 모든 사람들을 지배하고 있던 객관적 정신이었다. 그

---

62) "다행스럽게도, 자연은 친절함과 인내심을 갖고 대부분의 사람들에게 이 치명적인 질문을 던지지 않는다. 아무도 묻지 않는 곳에서는 그 누구도 대답할 필요가 없다." Jung, The Development of the Personality, CW 17, par. 314.
63) Hans Jonas, The Gnostic Religion, p. 45.

래서 그것은 예수에게 마치 그를 시저로 만들어줄 것처럼 온 세상을 다 주겠다고 약속했다. 예수는 자신의 소명에서 오는 내면의 소리에 복종하여, 정복자나 피정복자 모두를 사로잡고 있는 제국주의적인 광증의 공격에 스스로 자신을 노출시켰다. 이런 방식으로 그는 세상 전체를 비참한 상태에 빠뜨리고, 그래서 이교도의 시에서조차 표현되고 있듯이 구원의 열망을 일으키게 되는 객관적 정신의 본성을 인식했다. 이 정신의 공격을 억압하거나 그것에 의해 억압되지 않으면서, 그는 그것을 의식적으로 경험했고 동화해냈다. 이렇게 해서 세계를 지배하는 시저주의는 영적인 왕권으로 변형되었고, 로마 제국은 이 세상에 속한 것이 아닌 우주적인 하느님의 나라로 변형되었다.[64]

---

[64] Jung, The Development of the Personality, CW 17, par. 309.

5

예루살렘 입성

우리 모두는 예수님이 했던 것을 해야만 한다. 우리는 우리의 실험을 해야 한다. 실수도 하면서 우리의 삶의 비전을 살아내야 한다. 실수도 하겠지만, 실수를 피한다면, 우리는 진정한 삶을 살 수 없을 것이다.[65]

---

[65] Jung, C.G. Jung Speaking, p. 98.

58 / 그리스도인의 원형

10. 예루살렘 입성
(The Grandes Heures of Jean, Duke of Berry)

그들이 예루살렘 가까이 이르러, 올리브 산이 있는 벳바게 마을에 들어섰을 때에, 예수께서 두 제자를 보내시며 그들에게 말씀하셨다. "너희는 맞은 편 마을로 가거라. 가서 보면, 나귀 한 마리가 매여 있고, 그 곁에 새끼가 있을 것이다. 그것을 풀어서, 나에게로 끌고 오너라. 누가 너희에게 무슨 말을 하거든 주께서 쓰시려고 하십니다 하고 말하여라. 그러면 곧 내어줄 것이다." 이것은 예언자를 시켜서 하신 말씀을 이루려고 하신 것이다. "시온의 딸에게 말하여라. 보아라, 네 임금이 네게로 오신다. 그는 온유하시어 나귀를 타셨으니, 어린 나귀, 곧 멍에 매는 짐승의 새끼다." 제자들이 가서 예수께서 지시하신 대로, 나귀와 새끼 나귀를 끌어다가 그 위에 겉옷을 얹으니, 예수께서 올라 타셨다. 큰 무리가 자기들의 겉옷을 길에다가 깔았다. 그리고 앞에 서서 가는 무리와 뒤따르는 무리가 외쳤다. "호산나, 다윗의 자손께! 복되시다, 주의 이름으로 오시는 분! 가장 높은 곳에서 호산나! (마태 21:1-9) (그림 10)

그리스도의 삶에서 정점을 이루는 드라마는 예루살렘 입성이라는 이상한 사건과 함께 시작된다.[66] 그 때 그는 유혹의 힘에 굴복하여 자신이 왕으로 칭송받도록 허용한다. 그러나 그는 예루살렘에 들어가자마자 격노한다.

예수께서 성전 뜰 안으로 들어 가 거기에서 팔고 사고하는 사람들을 다 쫓아 내시고 환금 상들의 탁자와 비둘기 장수들의 의자를 둘러엎으셨다. 그리고 그들에게 성서에, 내 집은 기도하는 집이 되리라고 했는데, 너희는 이 집을 강도의 소굴로 만들었다고 나무라셨다. (마태, 21:12,13) (그림 11)

---

[66] Ibid., p. 97.

11. 성전에서 장삿꾼들을 내쫓으심
(Rembrandt etching)

나쁜 분위기는 다음날도 계속되었는데, 그는 무화과나무가 열매를 맺지 못한 것을 보고 그 나무를 저주했다. (마태 21:19)

예루살렘에 입성하는 그의 태도는 스가랴(9:9)에서 예언된 것처럼 그리스도께서 자신을 메시아적인 왕으로 생각하고 있었다는 것을 분명히 보여준다.

크게 기뻐하라! 시온의 딸아! 예루살렘의 딸아! 보라, 네 왕이 네게 임하리니. 그는 의로우며 구원을 베풀고, 겸손하여 나귀를 타며, 나귀 새끼를 데리고 오신다.

원형적 이미지와의 공공연한 동일시는 대단히 위험한 일이지만, 그리스도의 운명은 그것을 필요로 하는 것처럼 보인다. 아마도 그것이 화육과정의 어두운 측면인 듯하다. 장사꾼들에 대한 그의 분노는 화(마태 5:22)에 대한 그 자신의 권고에 위배되며, 돈이 그의 그림자 측면이었음을 말해준다. 그러나 이러한 일방성은 그 당시의 물질주의에 맞서 영적 왕국을 세워야 하는 그의 과제의 필수적인 부분이었다. 융은 말한다. "유혹에서, 예수는 정복자와 피정복자를 포함한 모든 사람들을 사로잡고 있는 제국주의적 광증의 공격에 자신을 자발적으로 노출시켰다."67)

자아를 그러한 무의식적 세력에 노출시키는 것은 항상, 비록 부분적이고 임시적이라고 해도, 어느 정도의 사로잡힘이나 동일시를 발생시킨다. 또한 이 변형의 드라마는 자아가 "필수적인 실수"에 굴복하지 않고는 전개될 수가 없다.68)

---

67) Jung, The Development of the Personality, CW 17, par. 309.
68) "자아 중심성은 의식의 필수적인 속성이며 또한 그것의 구체적인 죄이다." Jung, Mysterium Coniunctionis, CW 14, par. 364.

6

최후의 만찬

투사된 갈등이 치유되기 위해서 그것은 개인의 정신으로 돌아가야만 한다. 무의식은 바로 그 개인의 정신 안에서 시작된다. 그는 자신과의 최후의 만찬을 즐겨야 했다. 즉, 자신의 살을 먹고 피를 마셔야 했다. 이것은 그가 타자를 인정하고 자신 안에 수용해야 한다는 것을 의미한다. 이것이 혹시 각자가 자신의 십자가를 져야 한다는 그리스도의 가르침의 의미가 아닐까? 만약 당신이 자신의 짐을 져야 한다면, 어떻게 다른 사람의 짐을 나누어질 수 있겠는가?[69]

---

[69] Ibid., par. 512.

64 / 그리스도인의 원형

12. 최후의 만찬(The hours of Catherine of Cleves)

그들이 먹고 있을 때에, 예수께서 빵을 들어서 축복하신 다음에, 떼어서 제자들에게 주시고 말씀하셨다. "받아서 먹어라. 이것은 내 몸이다." 또 잔을 들어서 감사를 드리신 다음에, 그들에게 주시며 말씀하셨다. "모두 이 잔을 마셔라. 이것은 많은 사람에게 죄를 사하여 주려고 흘리는 나의 피, 곧 언약의 피다. (마태 26:26,27)

누구든지 내 살을 먹고 내 피를 마시는 사람은 영원히 살 것이다. (요한 6:54) (그림 12)

최후의 만찬 이미지는 엄청난 상징적 발달을 거친다. 왜냐하면 그것은 그리스도 교회의 중심적 의식이 되었기 때문이다. 융은 이 주제에 관한 중요한 글에서 다음의 사실을 관찰했다.70)

비록 미사 그 자체가 비교 종교학 역사에서 고유한 현상이라고 해도, 그것이 인간의 심리에 뿌리를 갖고 있지 않다면 그것의 상징적 내용은 극히 낯설게 느껴졌을 것이다. 그러나 그것이 인간의 심리 안에 뿌리를 갖고 있다면, 우리는 인간의 초기 역사나 당시의 이교도 세계에서 비슷한 형태의 상징주의를 발견할 수 있을 것이다. 미사 전례는 구약성서에 나오는 "건조"와 간접적으로는 고대의 일반적인 희생 상징과 관련되어 있다. 그리스도의 희생과 성만찬은 인간 정신의 가장 깊은 뿌리를 건드렸음이 분명하다. 인간의 희생과 의식을 통한 인지학 … 나는 비옥한 토지와 백성들의 번영을 위해 왕을 죽이는 의식, 인간의 희생을 통한 신들의 재생과 소생, 그리고 조상들의 삶에 참여하는 것을 통한 재연합을 목적으로 하는 토템 식사 등이 존재한다는 사실을 언급하는

---

70) "Transformation Symbolism in the Mass," Psychology and Religion, CW 11.

것에 만족할 수밖에 없다. 이것들은 미사의 상징들이 어떻게 정신의 가장 깊은 층을 관통하고 있는지를 보여주기에 충분하다.71)

최후의 만찬은 만찬 또는 성찬 원형의 특별한 예이며, 따라서 응고 상징주의(coagulatio symbolism)의 범주에 속하는 것이다.72) 최초의 최후의 만찬은 유월절 식사로서, 유월절 상징주의를 자체 안에 동화해내고 있다. 그리스도는 속죄양으로서의 유월절 양을 대신하고 있다.(출애굽기 12:3ff) 최후의 만찬이 지닌 토템 식사의 측면은 디오니서스적 의식인 "생고기 만찬"과 나란히 가는 것으로 묘사된다. 알렉산드리아의 클레멘트는 말한다. "술의 신인 바카스는 미친 디오니서스를 위해 방탕한 향연을 베풀었다. 그들은 날고기를 먹으면서 신성한 광증을 축하하고, 의식의 마지막은 도살된 날고기를 나누어 먹는 것으로 끝난다."73) 제인 해리슨은 이렇게 말한다. "이 끔찍한 의식의 중요한 부분은 도살된 짐승의 살을 갈기갈기 찢는 것인데, 그 이유는 가능한 한 날고기를 얻기 위해서였다. 그들에게 있어서 피는 생명이기 때문이었다."74) 이 의식은 태양신 타이탄이 어린 디오니서스의 사지를 잘라 잡아먹었던 것을 재연하는 것이었다.

예수와 디오니서스의 신비 사이에는 놀라운 유사점이 있다. 디오니서스는 그리스 신전 안에서 유일하게, 세멜레(Semele)라는 인간 여자로 태어나는 신이다. 그는 그의 어머니를 하데스로부터 구해내어 하늘에서 살게 한다. 그는 첫 번째 삶에서 어린 시절에

---

71) Ibid., par. 339.
72) Edinger, Anatomy of the Psyche, pp. 111ff.
73) "Exhortation to the Greeks," 11, 12, Jane Harrison, Prolegomena to the Study of Greek Religion, p. 483에서 인용.
74) Ibid., pp. 482f.

타이탄에 의해 손발을 잘리는 수난을 겪는다. 생육 향연에서 디오니서스는 그의 숭배자들에게 영원불멸을 주기 위해 자신의 살을 제공한다. 그 비극적 드라마는 디오니서스적 신비에서 나온 산물로서, 기독교에서는 "현세"의 삶에 대한 비극적인 견해에 필적한다.75)

생육 향연에서, 희생 제물인 수소와 염소는 추종자들에게 자신의 살을 제공한 디오니서스 자신을 나타낸다. 이것은 최후의 만찬과 미사 봉헌 때에 그리스도가 믿는 자들에게 영적 양식으로 살과 피를 제공한 것과 유사하다. 그 맥락에서 그리스도는 "인간"즉 최초의 온전한 인간을 상징한다. 그의 살을 함께 나누어 먹는다는 것은 영원성과 초개인적인 것에 참여하는 것을 의미한다. 융은 이렇게 말한다.

> **성찬의 신비는 경험적 인간, 즉 부분으로서의 인간의 영혼이, 그리스도에 의해 상징적으로 표현된 온전한 인간으로 변형되는 것에 있다. 그러므로 우리는 이런 의미에서 미사를 개성화 과정의 의식이라고 말할 수 있다.**76)

그리스도는 제자들에게 말한다. "내 살을 먹고 내 피를 마시는 자는 영원히 살 것이다."77) 마찬가지로 생육 향연에 참여하는 자는 디오니서스의 신적 본성을 얻게 될 것이다.78) 그리스도나 디오니서스의 살은 불멸의 양식으로서, "철학자의 돌"과도 같다.79)

---

75) 그리스도와 디오니서스는 포도주와 포도 상징주의를 공유한다. Edinger, Ego and Archetype, pp. 235ff.
76) "Transformation Symbolism in the Mass," Psychology and Religion, CW 11, par. 414.
77) 요한복음 6:56은 다음의 말을 덧붙인다. "내 살을 먹고, 내 피를 마시는 사람은 내 안에 거할 것이고, 내가 그 안에 거할 것이다."
78) Harrison, Prolegomena to the Study of Greek Religion, pp. 478ff.
79) Jung, Mysterium Coniunctionis, CW 14, par. 525.

68 / 그리스도인의 원형

13. 초기 시대의 최후의 만찬(Mosaic)

심리적으로 이것은 "영원성의 측면"에서 사물을 바라볼 수 있게 하는 자기의 의식을 의미한다.

초기 성화(聖畵)에서 최후의 만찬은 물고기 요리(fish meal)로 묘사되었다. (그림 13) 그리스도 자신이 물고기와 동등시되고 있다.[80] 이 상징은 최후의 만찬을 유대 전승 안에 있는 메시아 만찬과 연결시켜 준다. 메시아 만찬에서는 경건한 자들에게 바다 괴물인 레비아탄의 살이, 즉 물고기 요리가 제공된다.[81] 레비아탄

---

[80] 물고기로서의 그리스도는 융에 의해서 상세히 논의된 바 있다. Jung, "The Sign of the Fishes," Aion, CW 9 ii , par. 127ff.
[81] Raphael Patai, The Messiah Texts, pp. 236f.

을 먹는다는 것은 분명히 원시적 정신을 의식 안에 동화해내는 것을 말한다. 최후의 만찬에도 같은 의미가 적용한다. 물고기는 냉혈적이고 탐욕스런 성질의 무의식적 내용들을 나타낸다. 레비아탄과 같은 거대한 물고기처럼 그것들은 의식적인 자각에 의해 변형되어야 하는 원시적 정신의 축소판들이다.[82]

이러한 고찰은 성만찬 상징의 역설적인 본성을 드러낸다. 한편으로 음식은 초개인적 자기와의 연결을 제공한다. 다른 한편으로는 그것은 자아의 노력에 의해 변형되고 인간화되어야 하는 원초적 질료이다. 성만찬의 이중적인 성질을 알고 있던 바울은 다음과 같이 기록하고 있다. "각 사람은 자신을 살피고 나서 그 빵을 먹고 그 잔을 마셔야 합니다. 주님의 몸이 의미하는 바를 깨닫지 못하고 먹고 마시는 사람은 그렇게 먹고 마심으로써 자기 자신을 단죄하는 것입니다."(고린도 1서 11:28,29)

---

[82] 외경인 토빗(Tobit)서를 참조하라.

7

겟세마네

십자가에 못 박히는 것은 개성화의 시작을 의미한다. 기독교 상징주의, 즉 피와 고통의 깊이 갖는 비밀스런 의미가 바로 개성화에 있다.[83]

---

[83] Jung, 미출간 편지, Gerhard Adler, "Aspects of Jung's Personality and Work," p. 12에서 인용. 참조: Nikos Kazantzakis, The Saviors of God, p. 93: "우리는 물질로부터 식물로, 식물로부터 동물로, 동물로부터 인간으로 상승하기 위해 캐쓰는 이 땅 위의 붉고 피 묻은 선을 분별할 수 있다."

72 / 그리스도인의 원형

14. 동산에서의 고뇌
(The Hours of Catherine of Cleves)

그 때에 예수께서 제자들과 함께 겟세마네라고 하는 곳에 가서, 그들에게 "내가 저기 가서 기도하는 동안에, 너희는 여기 앉아 있어라"고 하시고 베드로와 세베대의 두 아들을 데리고 가서, 근심하며 괴로워하셨다. 그 때에 예수께서 그들에게 말씀하셨다. "지금 내 마음이 괴로워 죽을 지경이다. 너희는 여기에 머물러 나와 함께 깨어 있어라." 예수께서는 조금 더 나아가서, 얼굴을 땅에 대고 엎드려 기도하셨다. "나의 아버지, 하실 수만 있으시면, 이 잔을 내게서 지나가게 해주십시오. 그러나 내 뜻대로 하지 마시고, 아버지의 뜻대로 하십시오." 그리고 제자들에게 와서 보시니, 그들은 자고 있었다. 그래서 베드로에게 말씀하셨다. "이렇게 너희는 한 시간도 나와 함께 깨어 있을 수 없느냐? 시험에 빠지지 않도록 깨어서 기도하라. 마음은 원하지만 육신이 약하구나! 예수께서 다시 두 번째로 가서, 기도하셨다. "나의 아버지, 내가 마시지 않고서는 이 잔이 내게서 지나갈 수 없는 것이면, 아버지의 뜻대로 하십시오." 예수께서 다시 와서 보시니, 그들은 자고 있었다. 그들은 너무 졸려서 눈을 뜰 수 없었던 것이다. 예수께서는 그들을 그대로 두고, 같은 말씀을 다시 하시면서, 세 번째로 기도하셨다. (마태 26:36-44)

하늘에서 온 천사가 그에게 나타나서 힘을 주었다. 그가 큰 고통 속에서 더욱 열심히 기도하자, 땀이 피같이 흘러 땅에 떨어졌다. (누가 22:43,44) (그림 14)

겟세마네에서 그리스도는 자신이 십자가에 못 박혀 죽어야 한다는 운명적인 사실에 대한 완전한 자각에 직면한다. 이 운명은 "잔"의 이미지로 상징된다. 구약성서에서 이 단어는 두 가지 중요한 의미를 지녀왔다. 한 사람의 운명을 결정하는 데 사용하는

"점치는 도구"로서의 잔과 야훼의 분노의 잔이 그것이다. 시편의 저자는 이렇게 탄성한다. "주는 내가 받을 유산과 내 잔의 일부이니, 주께서 나의 운명을 지키시나이다." (시편 16:5) 이사야는 말한다. "깨어라, 깨어나서 일어나라, 여호와의 손에서 그 분노의 잔을 마신 예루살렘이여! 네가 이미 그 잔을 다 마시고 비틀거리는구나." (이사야 51:17)[84] 이것은 야훼의 분노의 잔을 다 마셔야 하는 그리스도의 운명에 대해 말해준다. 그리고 자신의 아들의 고문과 죽음을 통해서만 만족될 수 있는 야훼의 분노는 참으로 끔찍한 분노이다. 심리적으로 이것은 개성화 과정에서 원시적 정신이 지닌 정동을 자아가 동화해내야 하는 과제를 갖는다는 것을 의미한다.

중세 그림(그림 14)에서 그리스도는 하느님으로부터 영성체와 잔을 받는 것으로 묘사되고 있다. 즉, 자신의 살과 피를 먹고 마시는 것이다. 그러므로 겟세마네 상징은 최후의 만찬의 상징주의를 완성하고 있다.[85] 이 과정은 우로보로스(uroboros: 원초적인 상태)의 이미지, 즉 뱀이 자신의 꼬리를 삼키는 이미지와도 같다.

> 오래된 우로보로스 이미지 안에는 자신을 삼켜서 순환 과정으로 바꾼다는 생각이 담겨있다 … 우로보로스는 예를 들면 반대되는 것, 예컨대 그림자를 통합하고 동화해내는 것을 보여주는 극적인 상징이다. 이 피드백 과정은 동시에 불멸성의 상징이다 … 그는 상반되는 것들의 충돌로부터 나오는 자를 상징한다.[86]

---

[84] 또한 시편 75:8, 13:13, 25:15-18, 48:26, 49:12, 51:7, 애가서 4:21, 에스겔 23:32-34, 하박국 2:15-16, 스가랴 12:2를 보라.
[85] 크리소스톰(Chrysostom)은 이렇게 말했다. "그리스도가 먼저 자신의 살을 먹고 자신의 피를 마셨다(최후의 만찬에서)." Jung, Mysterium Coniunctionis, CW 14, par. 423.
[86] Ibid., par. 513.

야훼의 진노의 잔을 기꺼이 마시는 그리스도의 자발성은 야훼의 악을 소화하는 효능을 통해서 야훼를 사랑의 하느님으로 변화시킨다. 집단적 혹은 원형적 그림자의 일부를 동화해내는 사람은 누구나 하느님의 변형에 공헌하고 있는 것이다.[87] 에릭 노이만(Erich Neumann)은 이렇게 말한다.

> 한 개인이 자신의 특별한 삶의 전체 범주 안에서 현실을 사는 한, 그는 연금술에서 사용되는 증류기로서 기능한다. 그 증류기 안에서 집단 속에 들어 있는 성분은 용해되어 새로운 합성물을 만들어낸 다음 다시금 집단에게 제공된다. 그러나 그의 그림자를 동화해내는 과정의 일부로서 소화해낸 악은 동시에 그 집단에 면역성을 부여하는 요소로 작용한다. 개인의 그림자는 예외 없이 집단의 그림자와 밀접하게 연관되어 있으며, 그가 자신의 악을 소화하는 동안 집단 악의 조각도 소화된다.[88]

겟세마네 경험은 졸음으로 인해 더욱 고통스러워진다. 네 사람 중 세 사람이 그리스도가 깨어 있기를 간청했음에도 불구하고 사건이 일어나는 동안 내내 잠을 잔다. "깨어 있으라"는 같은 어구가 계시록 16:15에서도 사용되고 있다. "보라, 내가 도둑같이 오겠다. 깨어있는 자는 축복을 받을 것이다." 깨어 있음을 강조하는 것은 의식이 중요하다는 사실을 가리킨다. 그리스도는 단순히 고통을 겪었을 뿐만 아니라 영혼과 육체 사이의 다툼 또는 갈등, 즉 "아고니아"(agonia)도 겪어야만 했다.

이것은 대극 간의 갈등에서 살아남기 위해서는 개인은 잠을 자거나 기도를 해야 한다는 메시지인 것으로 보인다. 하나의 심

---

[87] Edinger, The Creation of Consciousness, pp. 91ff.
[88] Erich Neumann, Depth Psychology and a New Ethic, p. 130.

리적 절차로서, 기도는 적극적 상상력에 상응한다. 적극적 상상력에 의해 인간은 정서적 갈등 배후에 놓여 있는 심리적 이미지나 환상을 시각적인 것으로 변화시킨다.[89] 이미지의 출현은 종종 갈등을 일으키는 대극을 화해시키거나 변형시키는 효과를 갖는다.

기도나 적극적인 상상에 의해 배열된 내적 힘의 원천은 누가복음에서 돌보는 천사로 상징화되고 있다. (그림15) 이 상태는 횔더린(Holderlin)의 시에서 잘 묘사되고 있다.

**위험이 있는 곳에,
구원의 힘도 자란다.**[90]

또는 융은 이렇게 말한다

모든 경험 중에 가장 고귀하고 결정적인 경험은 자신의 자기와 홀로 있거나, 정신의 객관성을 불러내기로 선택하는 것이다. 환자는 자신을 더 이상 지탱할 수 없을 때 그를 지탱시켜주는 것이 무엇인지를 볼 수 있기 위해 혼자 있어야만 한다. 이 경험만이 그에게 파괴될 수 없는 토대를 줄 수 있다.[91]

겟세마네에서 발생한 육체와 영 사이의 갈등에 관해서 오리겐(Origen)은 흥미 있는 관찰을 한다:

---

89) Jung, Memories, Dreams, Reflections, p. 177: "정서를 이미지로 바꿀 수 있는 한, 즉, 정서 안에 숨어있는 이미지를 발견할 수 있는 한, 나는 내적인 평화와 위안을 얻는다. 내가 정서 안에 숨어있는 그 이미지들을 그대로 남겨둔다면, 나는 그것들에 의해 산산조각이 날 수 있을 것이다. 나는 실험을 통해서 정서 뒤에 숨어 있는 특정한 이미지들을 발견하는 것이 치료적 관점에서 얼마나 큰 도움을 주는지를 배웠다."
90) Wo aber Gefahr ist, Wachst das Rettende auch.
91) Psychology and Alchemy, CW 12, par. 32.

제 7 장 겟세마네 / 77

15. 천사가 그리스도를 위로하다.
(Rembrandt etching)

구세주의 영혼에 대해 말하는 복음서의 구절들을 보면, 어떤 것은 영혼(soul)이라고 지칭하고 어떤 것은 영(spirit)이라고 지칭하는 것을 알 수 있다. 성서가 그가 겪는 고통이나 어려움을 말하고 싶을 때에는 영혼이라는 용어를 사용한다. "내 영혼이 고통 중에 있다." "내 영혼이 죽음에 이를 정도로 슬퍼하고 있다." "누구도 내 영혼을 내게서 빼앗지 못하지만, 내 스스로 그것을 내려놓는다." 다른 한편으로는 이런 구절들이 있다. "그는 자신의 영을 아버지의 손에 맡긴다." 여기에서는 그의 영혼이 아니라 그의 영을 맡기는 것으로 되어 있다. 그리고 그가 "육체는 약하다"라고 말할 때, "영혼"이 아니라 "영"이 자발적이라고 말한다. 이렇게 볼 때 영혼은 약한 육체와 자발적인 영의 중간쯤에 위치해 있는 것처럼 보인다.92)

겟세마네 고통에서 육체와 영 사이의 갈등은 정신 안에서 화해되며, 그것은 다시금 그 둘을 연결시키는 매개체가 된다.93) 이것은 추출해내는 절차에 해당한다.94) 그 결과 피땀이 추출되는데, 이것은 연금술사들이 핏물(aqua permanens)을 얻는 것과도 같다. 연금술사인 게하르트 도른(Gerhard Dorn)은 그의 저서에 그 유사성을 다음과 같이 설명한다.

그 철학자들은 그들의 돌(철학자의 돌)을 살아있는 돌이라고 불렀다. 왜냐하면 최후의 작업에서 가장 숭고하고 불타는 신비의 힘에 의해서, 피 같은 검붉은 액체가 그 돌에서 땀처럼 방울방울

---

92) Origen on First Principle, pp. 127f.
93) "인간의 모든 심리적 발전은 영혼의 고통으로부터 발생한다." Jung, "Psychotherapists of the Clergy," Psychology and Religion, CW 11, par. 497.
94) "겟세마네"라는 말의 의미는 "기름을 짜다"로서, 올리브유를 짜는 장소를 지칭한다.

배어 나온다고 믿었기 때문이다. 이런 이유로 그들은 마지막 날에 이 세상을 자유롭게 할 가장 순수한 사람이 이 세상에 나타날 것이며, 그는 장미꽃 색이나 붉은 색의 피를 흘리고 그것에 의해 세상이 지옥으로부터 구원 받을 것이라고 예언했다. 같은 방식으로 그 생명의 돌은 비늘 딱지로 덮인 금속을 제거하고, 그 결과 사람은 질병으로부터 해방된다 … 이것이 돌이 생명이 있다고 보는 이유이다. 왜냐하면 이 돌의 피 안에는 영혼이 숨겨져 있기 때문이다 … 이것은 또한 세상에 있는 모든 유사한 것들을 포함하고 있다는 점에서, 그들은 이것을 소우주라고 불렀다. 이것이 플라톤이 우주의 원리라고 부른 것이며, 그들이 철학자의 돌을 생명의 돌(살아 있는)이라고 부른 이유이다.95)

융은 도른의 원문에 대하여 다음과 같은 주석을 덧붙였다.

그 돌이 전인(全人, homo totus)을 나타내기 때문에, 도른(Dorn)이 불가해한 물질과 그것의 피땀에 대해서 논의할 때 "가장 진실한 사람"이라고 말한 것은 논리적인 귀결이었다. 사실 이것이야 말로 말하고자 하는 모든 것이기 때문이다. 그(그리스도)는 신비이며 그 돌이다. 그리고 겟세마네 동산의 그리스도는 이와 필적하거나 그 원형이다. 가장 순수하고 가장 진실한 사람, 그 만큼 순수하고 진실한 사람은 없다. "순수한 은"(argentum putum), 완전한 인간—인간이 소유하고 있는 것과 알고 있는 모든 것을 소유하고 있고 알고 있는—은 외부로부터의 어떤 영향도 받지 않고 어떤 혼합물도 섞여 있지 않다. 이 사람은 "최후의 날"에만 나타날 것이다. 그는 그리스도일 수가 없다. 왜냐하면 그리스도는 이

---

95) Jung, "The Philosophical Tree," Alchemical Studies, CW 13, par. 381.

미 그의 피로써 타락의 결과로부터 인간을 구원했기 때문이다 … 이것은 미래의 그리스도나 우주의 구세주에 대한 물음이 아니다. 그보다는 연금술적인 우주의 보존자, 온전하고 완벽한 인간에 대한 여전히 무의식적으로 남아 있는 관념을 나타낸다. 그 분은 그리스도의 희생적 죽음이 분명하게 미완성으로 남겨둔 것을 해내야만 하는, 다시 말해서 악으로부터 세상을 구해야 하는 분이시다. 그리스도처럼 그도 속죄의 피를 흘릴 것이다. 이것은 자연적이고 범상한 피가 아닌 "장미꽃 색깔"의 피다. 이것은 상징적인 피요, 심리적인 실체이며, 장미꽃이 많은 꽃잎들을 하나의 전체로서 연합하듯이, 개인을 연합시키는 특정한 종류의 에로스의 현시를 나타낸다.96)

---

96) Ibid., par. 390.

8
체포와 심문

그는 "내 왕국은 이 세상의 것이 아니다"라고 말했다. 그러나 그것은 마찬가지로 "왕국"이었다.[97]

---
[97] C.G. Jung Speaking, p. 97.

16. 무리에 의해 붙잡히신 그리스도
(The Hours of Catherine of Cleves)

체포

"보아라, 때가 가까이 왔다. 인자가 죄인들의 손에 넘어간다. 일어나서 가자. 보아라, 나를 넘겨줄 자가 가까이 왔다." 예수께서 아직 말씀하고 계실 때에, 열두 제자 가운데 하나인 유다가 왔다. 대제사장들과 백성의 장로들이 보낸 무리가 칼과 몽둥이를 들고, 그와 함께 하였다. 그런데 예수를 넘겨줄 자가 그들에게 암호를 정하여 주기를, "내가 입을 맞추는 사람이 바로 그 사람이니, 그를 잡으시오" 하고 말해 놓았다. 유다가 곧바로 예수께 다가가서 "안녕하십니까? 선생님!" 하고 말하고, 입을 맞추었다. 예수께서 그에게 "친구여, 무엇하러 여기에 왔느냐?" 하고 말씀하시니, 그들이 다가와서, 예수께 손을 대어 붙잡았다. (마태 26:45-50)

이 비극적 드라마는 그리스도가 적대적인 무리들과 조우하게 되면서 종결을 향해 치닫는다. 이 무리(오클로스 ochlos)라는 용어는 "정치 집단"에 속한 사람들을 일컫는 "그리스 시민"(demos)과는 대조를 이루는 "조직되지 않은 대중"을 일컫는다.[98] 같은 뿌리를 가진 "오클레오"(ochleo)라는 동사는 군중에 의한 소동이나 동요를 뜻한다.[99] 여기에서 무리는 시끄럽고 요구가 많으며, 쉽게 폭동을 일으키는 집단을 지칭한다.

무리라는 말은 복음서에서 언급된 바 있다. 마태 4:25에는 "큰 무리가 그를 따랐다"고 기록하고 있고, 마태 21:8,9에서는 "큰 무리(군중)가 길 위에 그들의 옷을 펴 놓고" "사람들이 앞서거니 뒤서거니 하며 외쳤다, 호산나! 다윗의 아들"이라고 기록하고 있다. 예루살렘 입성에서 그리스도는 군중들과 연루되어 있다는 인

---

[98] W.E. Vine, An Expository Dictionary of New Testament Words, vol. 3, p. 91.
[99] Liddel and Scott, Greek-English Lexicon, p. 509.

상을 지울 수가 없으며, 어떤 의미에서 "다윗의 아들"이라는 명백한 표현에서 보듯이, 메시아로서의 집단적 투사를 용인했던 것으로 보인다.

모든 집단은 커다란 힘과 위험을 지닌 무의식적인 심리적 유기체이다. 그것들은 의식적 자아의 중재가 없는 원형적인 에너지를 나타내며, 따라서 매우 변덕스럽다. "대중의 크기가 크면 클수록 개인은 더 무시된다."100) 그러나 "의식은 개인에 의해 간직된다."101) 융은 덧붙여 말한다. "그리스도가 제자들을 대중의 일부로 불렀는가? 오천 명을 먹인 사건은 그를 십자가에 못 박으라고 외치지 않는 추종자들을 끌어 모았는가?" 우리는 여기에 덧붙여 물어볼 수 있을 것이다. "그리스도를 다윗의 아들이라고 환영했던 대중과 그를 못 박으라고 외치던 대중이 같은 사람들이 아니었을까?102) 그들은 그의 나라가 이 세상에서 그들이 원하는 나라가 아니라는 사실을 알았을 때 그에게 등을 돌리게 된 것이 아닐까?"

그리스도의 체포는, 예정된 대로, 변덕스런 군중들의 배반 때문만이 아니라 그의 제자들 중 한 명의 배반 때문에 성사되었다. 배반은 개성화의 주제이다. 왜냐하면 그것은 대극의 현상학에 속하기 때문이다. 이것의 또 다른 표현은 "반대쪽으로 흐르는 에너지"(enantiodromiae)이다.103) 대극을 이루고 있는 갈등 상황에서 개인은 충성에서 돌아서서 적에게 문을 연다. 반역자는 양 쪽 모

---

100) Jung, "The Undiscovered Self," Civilization in Transition, CW 10, par. 503.
101) Ibid., par. 528.
102) Ibid., par. 536.
103) "Enantiodromia는 반대로 흐르는 것을 뜻한다. 헤라클리투스 철학에서 그것은 사건의 전개과정에서 대극의 작용을 정의하는 데 사용되었다. 이것은 존재하는 모든 것은 반대되는 것으로 변한다는 견해를 가리킨다." Jung, "Definitions," Psychological Types, CW 6, par. 708.

두에서 경멸의 대상이 된다, 왜냐하면 그는 집단 심리인 "신성한"가치, 즉 단체의 정체성에 대한 신뢰를 위반하고 있기 때문이다.

충성과 배반은 대극을 이루고 있는 하나의 쌍이다. 미래에 대한 충성은 과거에 대한 배반을 요구하며, 그 반대도 마찬가지이다. 어떤 점에서 그리스도는 집단적인 유대 전통을 배반했다. 그는 이단자였고 그래서 반역자로 처벌을 받았다. 이것은 개인이 발달의 특정 단계에서 개성화를 성취하기 위해 집단에 대한 충성을 배반하도록 강요받는 것과도 같다. 후에 그 범죄가 가져오는 열매는 그 집단을 위해 기여하게 된다.

요한복음 13:26 이하에 따르면, 최후의 만찬 때에 유다에게 끔찍한 운명이 주어진다. 그리스도가 제자 중 한 사람이 그를 배반할 것이고 말하자, 그가 누구인지 묻자, 내가 빵을 우유에 찍어 주는 사람이라고 대답했다. 그리고 빵을 우유에 적셔 시몬의 아들 유다에게 주었다. 그러자 빵 조각을 따라 사탄이 그에게 들어갔다.

몇몇 중세 그림들은 그리스도가 유다에게 빵 한 조각을 주는 순간, 그의 입속으로 작은 사탄이 들어가는 모습을 보여준다. (그림12) 이것은 그리스도가 유다에게 그 순간에 그에게 할당된 운명을 주었고, 유다는 그 의무를 수행한 것처럼 보인다. 이는 배반이 왜 "입맞춤"으로 완성되고 그리스도가 유다의 키스를 받아들이면서, 유다를"친구"라고 불렀는지에 대한 설명이 된다. 개인을 그에게 합당한 운명으로 인도하는 것은 사랑의 행위이다. 그리스도의 운명은 십자가에 못 박히는 것이다. 그래서 그는 유다를"친구"라고 부르고 베드로가 그의 사명을 피할 수 있다고 제의하자 화를 냈던 것이다.

예수께서는 제자들에게 자신이 반드시 예루살렘에 올라가 원로들과 대제사장들과 율법학자들에게 많은 고난을 받고 그들의 손에 죽었다가 사흘 만에 다시 살아날 것을 알려 주셨다. 베드로는 예수를 붙들고, "주님, 안 됩니다. 그런 일이 있어서는 안 됩니다" 하고 말렸다. 그러나 예수께서는 베드로를 돌아다보시고 "사탄아 물러가라. 너는 나에게 장애물이다. 너는 하느님의 일은 생각하지 않고 사람의 일만 생각하는구나" 하고 꾸짖으셨다. (마태 16:21-23)

가야바 앞에서 심문 당하다.

사람들은 예수를 붙잡아 대제사장 가야바에게로 끌고 갔는데 거기에는 율법학자들과 원로들이 모여 있었다. 베드로는 멀찍이 떨어져서 예수를 뒤따라 대제사장의 관저 안으로 들어가 경비원들 틈에 앉아 있었다. 대제사장들과 의회는 예수를 사형에 처하려고 그에 대한 거짓 증거를 찾고 있었다. 많은 사람이 와서 거짓 증언을 하였지만 이렇다 할 증거를 얻지 못하였다. 그러다가 마침내 두 사람이 나타나서 "이 사람이 하느님의 성전을 헐었다가 사흘 만에 다시 세울 수 있다고 말하였다"고 증언하였다. 이 말을 듣고 대제사장이 일어나 예수께 이 사람들이 그대에게 이렇게 불리한 증언을 하는데 할 말이 없는가하고 물었다. 그러나 예수께서는 아무 말씀도 하지 않으셨다. 대제사장은 다시 내가 살아 계신 하느님의 이름으로 명령하니 분명히 대답하여라. 그대가 과연 하느님의 아들 그리스도인가? 하고 물었다. 예수께서는 그에게 그것은 너의 말이다 하시고, "잘 들어 두어라. 너희는 이제부터 사람의 아들이 전능하신 분의 오른편에 앉아 있는 것과 또 하늘의 구름을 타고 오는 것을 볼 것이다" 하고 말씀하셨다. 이 말을 듣고 대

제8장 체포와 심문 / 87

17. 가야바 앞에 서신 그리스도 (Rembrandt drawing)

제사장이 자기 옷을 찢으며 "이 사람이 이렇게 하느님을 모독했으니 더 이상 무슨 증거가 필요하겠소? 여러분은 방금 하느님을 모독하는 말을 듣지 않았소? 자, 어떻게 했으면 좋겠소?"하고 묻자 사람들이 모두 "사형에 처하라"고 아우성쳤다. (마태 26:57-66)

그리스도는 야훼가 거하시는 성전을 파괴하겠다고 위협했다는 죄목으로 고소되었다. 거기에는 사실 그리스도교 신비의 전개에 따라 그 모습을 드러내는 숨은 의도가 있었다. 그는 그렇게 낡은 가치, 즉 종교적 가치를 담고 있는 기존의 집단적인 용기를 버린 배신자였다. 이것은 대제사장이 다음과 같이 달하는 이유를 말해 준다. "온 민족이 멸망하는 것보다 한 사람이 백성을 대신해서 죽는 편이 더 낫다는 것을 모릅니까?"(요한 11:50) 그들은 두려움을 이렇게 표현했다. "그대로 내버려 두면 누구나 다 그를 믿을 것이고, 그렇게 되면 로마인들이 와서 이 거룩한 곳과 우리 백성을 짓밟고 말 것입니다."(요한 11:48) 그러나 로마인과 상관없이 그리스도는 유대교를 위협했다. 그래서 그는 이단으로 재판을 받는 것이다.

종교 공동체에서 이단은 영적 반역이며, 그것은 국가를 배반하는 것보다 더 위험하다. 우리는 방어적 반응의 강도를 토대로 심리적 위협의 정도를 측정할 수 있다. 그 기준에서 볼 때, 진실한 믿음을 가진 자에게 이단은 궁극적인 위협이 된다. 그것은 최상의 심리적 가치를 위협하기 때문에 육체적 존재를 위협하는 죽음보다도 더 위험하다. 그리스도가 유대인 대제사장들 사이에서 불러일으킨 반응은 바로 이런 것이었다.

이단에 대한 재판은 물론 정신의 현실(reality of the psyche)을 보지 못한다. 왜냐하면 정통 교리를 따르는 신자에게 있어서, 정신은 아직 자율적인 실체로서가 아니라 단지 형이상학적 원리로만 존재하기 때문이다. 그리스도가 도전하는 것은 바로 이런 상황이다. 그는 자신이 그리스도요 하느님의 아들임을 인정한다. 이것은 그의 육체적 죽음에 도장을 찍는 행동이다. 이 상황에서 이것은 자아 팽창이 아니다. 이것은 개인 안에서 의식적으로 현시된 초개인적 정신의 현실—개성화의 본질적 특징인—에 대한 증거이다.

빌라도 앞에서 심문 당하다.

빌라도는 다시 관저 안으로 들어가서 예수를 불러 놓고 "네가 유대인의 왕인가?"하고 물었다. 예수께서는 "그것은 네 말이냐? 아니면 나에 관해서 다른 사람이 한 말을 듣고 하는 말이냐?"하고 반문하셨다. 빌라도는 "내가 유대인인 줄로 아느냐? 너를 내게 넘겨준 자들은 너의 동족과 대제사장들인데 도대체 너는 무슨 일을 했느냐?"하고 물었다. 예수께서는 이렇게 대답하셨다. "내 왕국은 이 세상에 속한 것이 아니다. 만일 내 왕국이 이 세상에 속한 것이었다면 내 부하들이 싸워서 나를 유대인들의 손에 넘기지 않게 했을 것이다. 내 왕국은 결코 이 세상의 것이 아니다." "아무튼 네가 왕이냐?"하고 빌라도가 묻자 예수께서는 "내가 왕이라고 네가 말했다. 나는 오직 진리를 증언하려고 났으며, 그 때문에 세상에 왔다. 진리 편에 선 사람은 내 말을 귀담아 듣는다"하고 대답하셨다. (요한 18:33-37)

가야바에게 중요한 질문은 "네가 하느님의 아들이냐?"였다. 빌라도에게 중요한 질문은 "네가 왕이냐?"였는데, 이것은 같은 질문을 하나는 종교적으로 다른 하나는 정치적으로 해석한 것이다. 그 질문의 심리적인 의미는 이것이다. "너는 집단 종교적 권위와, 정치적 권위에 우선하는 내적인 초개인적 권위를 갖고 있는가?" 그런 권위를 갖는다는 것은 그가, 상징적으로 말해서, "신의 아들이요, 왕"임을 말해준다.

9

매질과 조롱당함

성스런 변화의 과정은 인간의 이해 안에서 벌, 고문, 죽음 그리고 변형으로 자체를 드러낸다.[104]

---

104) Jung, "The Visions of Zosimos," Alchemical Studies, CW 13, par. 139.

18. 매맞으시는 그리스도(The Hours of Catherine of Cleves)

제9장 매질과 조롱당함 / 93

> 그때 빌라도는 예수를 데려다가 채찍으로 쳤다.
> (요한복음 19:1) (그림 18)

> 그 때에 총독의 군인들이 예수를 총독 관저로 끌고 들어가서, 온 부대를 다 그의 앞에 불러 모았다. 그리고 예수의 옷을 벗기고, 주홍색 옷을 입힌 다음에, 가시로 면류관을 엮어 머리에 씌우고, 오른손에 갈대를 들게 하였다. 그리고 그의 앞에 무릎을 꿇고 "유대인의 왕 만세!"하면서 희롱하였다. 또 그에게 침을 뱉고, 갈대를 빼앗아 머리를 쳤다. 이렇게 희롱한 다음에, 그들은 주홍색 옷을 벗기고, 그의 옷을 도로 입혔다. 그리고 십자가에 못 박으려고, 그를 끌고 나갔다. (마태 27:27-31) (그림 19)

이 사건은 자아가 철저하게 낮아지는 것을 나타낸다. 고문과 모욕은 개성화의 치욕 단계에 속해 있다.[105] "자기를 경험한다는 것은 자아에게 있어서 항상 패배하는 것이다."[106] 자아는 자기를 위한 자리를 만들기 위해서 상대적으로 낮아져야 한다. 자기의 전체성은 그림자를 수반하며, 그 그림자와의 만남은 항상 고통스러운 굴욕으로 경험된다. 겨우 하루나 이틀 전에 그리스도는 성전에서 돈 바꾸는 상인들을 채찍으로 내쫓았다. (그림11) 지금 그 채찍질은 그에게 몇 배로 되돌아오고 있다.

십자가에 못 박히는 것에서 절정을 이루는 그리스도의 육체적 및 심리적인 고문은 이사야서에서 묘사된 "고통 받는 야훼의 종"과 평행하고 있다.

> 그는 사람들에게 멸시를 받고, 버림을 받고, 고통을 많이 겪었다.

---

105) Edinger, Anatomy of the Psyche, pp. 147ff.
106) Jung, Mysterium Coniunctionis, CW 14, par. 778.

19. 조롱당하시는 그리스도 (Rembrandt drawing)

그는 언제나 병을 앓고 있었다. 사람들이 그에게서 얼굴을 돌렸고, 그가 멸시를 받으니, 우리도 덩달아 그를 귀하게 여기지 않았다. 그는 실로 우리가 받아야 할 고통을 대신 받고, 우리가 겪어야 할 슬픔을 대신 겪었다. 그러나 우리는 그가 징벌을 받아서 하나님에게 맞으며, 고난을 받는다고 생각하였다. 그러나 그가 찔린 것은 우리의 허물 때문이고, 그가 상처를 받은 것은 우리의 악함 때문이다. 그가 징계를 받음으로써 우리가 평화를 누리고, 그가 매를 맞음으로써 우리의 병이 나았다. (이사야 53:3-5)

나의 의로운 종이 자기의 지식으로 많은 사람을 의롭게 할 것이다. 그는 다른 사람들이 받아야 할 형벌을 자기가 짊어질 것이다. (이사야 53:11)

고통 받는 야훼의 종은 "온전한 의식"이 지닌 구속을 가져오는 성질에 대한 인격화로 이해될 수 있다. 이것은 온순하게 다른 뺨을 돌려대는 것과는 아무 상관이 없는 것으로서, 개성화된 자아는 힘의 원리와 동일시하지 않고도 그 원리의 공격을 견디낼 수 있음을 의미한다. 즉, 그것은 방어적인 폭력이나 절망 중 그 어느 것에도 굴복하지 않을 수 있다. 그 결과는 집단적인 정신의 점진적인 변형이다. "나의 의로운 종이 자기의 지식(의식)으로 많은 사람을 의롭게 할 것이다." 마찬가지로 융은 말한다. "이것이 세상을 정복하는 것을 꿈꾸는 로마왕국이 영적인 왕국으로 변하는 방식이다."[107]

---

[107] Jung, The Development of Personality, CW 17, par. 309. 연금술사들은 그리스도의 고문당하심을 원초적 자료의 변형과 같은 것으로 본다. Mysterium Coniunctionis, CW 14, pars. 484ff.

10

십자가에 못 박힘

악의 현실과 그것이 지닌 선과 양립할 수 없는 성질은 대극을 갈라놓고, 십자가의 죽음과 살아있는 모든 것을 정지시킨다. "영혼은 본성상 그리스도인"이기 때문에, 예수의 삶이 그러했듯이, 우리 모두는 십자가를 피할 수 없다. 우리 모두는 그리스도와 함께 못박혀야만 한다. 즉, "실제로 십자가에 달리는 것과 같은 도덕적 고통을 겪어야 한다."[108]

그들은 골고다, 곧 "해골 곳"이라는 곳에 이르러서, 포도주에 쓸

---

108) Jung, Psychology and Alchemy, CW 12, par. 24.

98 / 그리스도인의 원형

20. 십자가에 달리심
(Early Spanish manuscript illumination)

개를 타서, 예수께 드려서 마시게 하였다. 그러나 예수께서는 그 맛을 보시고는 마시려고 하지 않으셨다. 그들은 예수를 십자가에 못 박고 나서, 제비를 뽑아서, 그의 옷을 나누어 가진 다음 거기에 앉아서 그를 지키고 있었다. 그의 머리 위에는 "유대인의 왕 예수"라고 적은 죄패를 붙였다. 그 때에 강도 두 사람이 예수와 함께 십자가에 못 박혔는데, 하나는 오른쪽에, 하나는 왼쪽에 달렸다. (마태 27:33-38)

십자가 못 박힘은 서구 정신의 중심적인 이미지이다.

그리스도의 십자가 죽음은 기독교 예술의 중심적인 이미지이며 또한 기독교 관상 전통에서 초점이 되어왔다. 그 이미지의 특징은 당시의 종교적 사상과 감정의 분위기에 따라 시대마다 변해왔다. 초대 교회는 이 주제를 다루지 않고 회피했다. 로마 통치 하에서 기독교가 금지된 종교였던 때에 십자가의 못 박힘은 상징적으로 십자가와 나란히 존재하는 어린 양 그리스도로 표현되었다. 기독교인들이 종교의 자유를 허락받은 콘스탄틴 대제 이후조차도 십자가는 여전히 그리스도 형상이 없는 모습을 유지했다. 우리가 알고 있는 십자가 죽음의 이미지는 6세기에 최초로 발견되었으나, 그 형상의 수가 상아나 금속 그리고 사본의 형태로 증가된 시대인 카롤링가 왕조 시대 전까지는 매우 드물었다. 이 시기에 복음서의 다른 인물들이 정기적으로 발견되었고, 십자가의 항구적인 이미지를 형성했다. 거기에는 동정녀 마리아와 성 요한, 백부장과 하인, 두 명의 도둑, 점을 치는 군인들이 등장하고 있다. 또 이 시대에 십자가 양 편에는 상징적인 태양과 달, 교회와 회당을 묘사하는 우화적인 모습도 등장했는데, 이것들은 르네상스 초기에 사라졌다. 수 세기 동안 서양에는 비잔틴(동로마 제국) 영향으로 인해 그리스도가 생생하게 살아있고 왕관을 쓴 승리의 구세주로 묘사되었다. 11세기에는 한쪽 어깨 위로 머리를 떨어뜨린 마른 신체 이미지와 가시 면류관을 쓴 새로운 유형의 십자가가 나타났다. 이 새로운 변형은 그 후로 서구 예술을 지배했다.109)

집단 의식은 이와 같이 여러 세기에 거쳐 이 이미지에 대한 생각을 변화시켜왔다. 처음에 그것은 인간의 고통에 대한 암시 없이 원형적이고 비인격적인 방식으로 표현되었다. 종교개혁 시기까지 인격적이고 인간적인 측면은 증가되었다. 그러나 종교개혁과 함께 개신교의 성상파괴는 십자가에서 그리스도의 상을 완전히 제거함으로써 합리적 추상주의에 승리를 안겨주었다.

십자가는 대극의 병렬 현상을 보여준다. 그것은 인간과 신 사이의 교차점이다. 자아와 자기는 겹쳐진다. 자아를 나타내는 인간의 형상은 자기를 나타내는 만다라 십자가에 못 박혀 있다. 십자가 주변에는 다양한 종류의 상반되는 쌍들이 군집을 이루고 있다. 예를 들면, 그리스도의 양 편에는 두 사람의 도둑이 십자가에 달려 있다. 그들 중 한 사람은 천국으로 가고 다른 한 사람은 지옥으로 간다. 이 세 개의 십자가는, 지금에서야 생각할 수 있는데, 그리스도께서 그의 대극인 적 그리스도와 연합한다는 생각을 암시한다.

그리스도의 속성(아버지와 같은 본질을 지닌 자, 영원성, 사생아, 처녀수태, 십자가, 대극 사이에서 희생된 어린양 등)은 의심할 나위 없이 자기의 구현을 보여주고 있지만, 심리적인 각도에서 바라본다면, 그는 그 원형의 반쪽에만 해당한다. 다른 반쪽은 적-그리스도에게서 나타난다. 후자 또한 그가 어두운 측면을 지니고

---

109) James Hall, Dictionary of Subjects and Symbols in Art, p. 81.

있다는 것만 제외하고는, 마찬가지로 자기의 현시이다. 둘 다 그리스도인의 상징이며, 두 도둑 사이에서 십자가에 달린 구원자라는 동일한 의미를 갖는다. 이 위대한 상징은, 의식의 계속적인 발달과 구별은 점점 더 위협적이 되는 갈등에 대한 인식으로 인도한다는 사실을 말해준다. 그 인식은 자아가 십자가에 못 박히는 것과 같은 것이다. 자아는 화해할 수 없는 대극 사이에서 고통스럽게 십자가에 달려 있다.110)

그리스도가 두 도둑 사이에서 십자가에 못 박힘으로써, 인간은 차츰 자신의 그림자와 이중성에 대한 지식을 얻게 된다. 이 이중성은 이미 뱀이 지닌 이중적 의미에서 예상되어온 것이다. 뱀이 파괴와 치유의 두 가지 능력을 나타내는 것처럼, 도둑들 중 한 사람은 천국으로 다른 한 사람은 지옥으로 가도록 운명 지워졌다. 마찬가지로 그 그림자의 한 쪽 측면은 유감스럽고 비난할만한 허약함을 갖고 있고, 다른 쪽 측면은 건강한 본능과 더 높은 의식을 위한 조건을 갖고 있다. 111)

십자가 주변에 모여 있는 다른 대극의 쌍들은 창을 들고 있는 사람과 해면을 들고 있는 사람 그리고 해와 달을 포함한다. 십자가는 분명히 대극의 연합이며, 그것을 상징적으로 나타낸다.112) 교회 예술 전통 안에는 십자가의 이미지를 만다라로 변화시키는 뚜렷한 경향이 존재해왔다. (그림 21) 어거스틴은 웅변적으로 십자가를 연합과 동등시한다.

신랑처럼 그리스도가 그의 방에서 나와서, 결혼을 하리라는 예감

---

110) Jung, Aion, CW 9 ii , par. 79.
111) Ibid., par. 402. "인류의 구원자"로서의 도둑을 보려면, 융의 "타비스톡 강의," The Symbolic Life, CW 18, par. 210을 보라.
112) Edinger, Anatomy of the Psyche, pp. 211ff.

102 / 그리스도인의 원형

21. 십자가에 달리심 (Cover of the Echternach Gospels)

제10장 십자가에 못 박힘 / 103

22. 나무로서의 십자가(Illumination of a Bible)

을 가지고 세상으로 나갔다. 그는 십자가의 혼례 방으로 와서, 십자가에 올랐으며, 거기서 그의 결혼을 완성했다. 그리고 그가 피조물의 탄식을 알아차렸을 때 그는 사랑으로 신부 대신 그 고통에 자신을 던졌다 … 그리고 그는 그녀와 영원히 연합하였다.113)

연합의 산물은 완전한 인간으로 대표되는 자기이다. 아담은 첫 번째 완전한 인간114)이고 그리스도는 두 번째 완전한 인간이다. 이러한 관계는 십자가가 아담의 무덤에서 자라났다는 전설적인 관념에 의해 암시되고 있다. (그림 22) 이 나무는 생명나무(어떤 본문에서는 선악과로 표기되는)의 가지로부터 자라난 것이라고 한다.

다시 태어난 자기에 대한 또 하나의 이미지는 전통적으로 십자가 위에 새겨진 네 글자(INRI)에서 나타난다.(그림 23) 이 글자들은 "나사렛 예수 유대인의 왕"(Iesus Nazarenus Rex Iudaeorum)의 약자이다. 그 결과 새로운 네 글자 단어가 생겨났다. 구약성서에서 야훼의 이름은 절대로 소리 내어 부르지 않았고, 다만 네 개의 글자 Y H W H 로 나타냈다.115) 의미심장하게도, 이 네 개의 글자는 동시에 세 개의 글자이기도 하다. 왜냐하면 네 글자 중의 하나가 중복되고 있기—"3과 4의 딜레마"116)—때문이다. 새로운 단어는 이 딜레마를 반복하고 있고, 객관적 정신의 기본적인 획일성을 다시 한 번 보여주고 있다.

---

113) Jung, Mysterium Coniunctionis, par. 25, note 176, also par. 568.
114) Ibid., par. 544ff.
115) Ibid., par. 619, 또한 Edinger, The Bible and the Psyche, p. 48을 보라.
116) "셋은 여기에 있는데 네 번째 것은 어디에 있는가? 라는 물음은 연금술에서 중요한 주제이다. 심리학적으로 그것은 열등한 기능인 네 번째 요소를 동화하여 전체를 이루는 것이 특별히 어려운 일임을 말해준다. 또한, 융이 지적하듯이, 숫자 4는 여성성, 모성, 물리적인 것 등을 의미하고, 숫자 3은 남성성, 부성, 영적인 것 등을 의미한다. 따라서 셋과 넷에 관련된 불확실성은 영적인 것과 물리적인 것 사이를 오가는 움직임과도 같은 것이다. 이것은 인간의 모든 진실이 하나가 모자라는 최후의 진실임을 보여주는 놀라운 예이다." Psychology and Alchemy, CW 12, par. 31.

제10장 십자가에 못 박힘 / 105

23. 십자가에 달리심 (Durer woodcut)

초기 신학에서, 그리스도의 십자가는 우주를 통일하는 도구로 여겨졌다. 바울은 이렇게 말한다.

> 그(그리스도)는 우리 사이에 평화를 가져다주었고, 둘(유대인과 이방인)을 하나로 만들어주었으며, 서로를 갈라놓는 장벽을 제거했다. … 이것은 십자가의 죽음을 통해 자신 안에서 둘을 하나로 만들고 평화를 만들어냄으로써 하나의 새로운 인간을 창조하기 위한 것이었다. 그는 자신의 하나의 몸 안에서 그 둘을 통합해냈고 그것들을 하느님과 화해시켰다. (에베소 2:14-16)

쟝 다니엘루(Jean Danielou)는 이렇게 논평한다.

> 바울의 본문은 사실 이중의 장벽을 가정하고 있다. 하나는 두 사람을 갈라놓는 장벽이고 … 다른 하나는 세상의 위와 아래를 갈라놓는 장벽이다. 이것은 전형적인 개념이다.… 그것은 세상과 천국을 나누는 하늘의 장벽을 나타낸다. 외경의 사도행전에도 이 장벽에 대한 언급이 나오는데, 그 때 그것은 불의 장벽으로 간주된다.
> 이 견해에서, 그리스도는 이중적인 의미의 하나 됨을 회복한다. 그는 사람들 사이를 분리하는 수직적 장벽을 무너뜨린 동시에, 하느님과 인간을 분리하는 수평적 장벽을 무너뜨린다. 그는 십자가의 죽음을 통해서 이것을 성취하는데, 그 십자가는 이제 수평적 및 수직적인 장벽을 제거하는 그리스도의 이중 작업을 묘사하고 있는 것으로 보인다. 어떤 점에서 십자가는 두 종류가 있다. 하나는 그리스도가 오기 전에 존재했던 분리의 십자가이고, 다른 하나는 그리스도의 도래와 함께 이루어진 하나 됨의 십자가이다.117)

"두 개의 십자가"는 만다라 상징의 이중적인 측면을 말해준다. 가장 단순한 형태에서, 원 안의 십자가인 만다라는 망원경의 십자선—시야에 들어온 사물들에 질서를 부여하고 구별을 가능케 하기 위한—으로써 기능한다. 다른 한 편 이것은 포괄적인 전체 안에서 모든 것을 품어 하나가 되게 한다. 영지주의자들도 십자가의 이중적 본성에 대해 이렇게 말한다.118)

여러 가지 이름으로 불리는 십자가는 두 가지 기능이 있다. 하나는 지탱시켜주는 것이고 다른 하나는 분리하는 것이다. 그가 지탱해주고 떠받쳐주는 한, 그는 십자가이다. 반면에 그가 나누고 분리하는 한, 그는 한계이다. 당시에 사람들은 구세주가 이 이중적 기능을 갖고 있는 것으로 묘사했다. 지탱하는 기능과 관련해서, 그는 "누구든지 자신의 십자가를 지지 않고 나를 따르는 자는 나의 제자가 될 수 없다"(누가 14:27)고 하면서, "십자가를 지고 나를 따르라"(마태 10:21)고 명한다. 나누는 기능과 관련해서, 그는 "나는 평화를 주러 오지 않고, 칼(분열)을 주러 왔다"(마태 10:34)고 말한다.119)

그리고 융은 다음과 같이 말한다.

사위일체가 마귀 쫓는 힘을 갖고 있다는 생각은 에스겔 9:4에서 유래된 것이다. 거기에서 예언자는 주님의 명에 따라 의로운 자들을 징벌로부터 보호하기 위해 그들의 이마에 십자가를 긋게 하

---

117) The Theology of Jewish Christianity, pp. 279f.
118) 기독교 십자가가 수평적인 차원보다 수직적인 차원을 강조한다는 사실은 물질에 비해 영을 선호하는 편견을 갖고 있음을 말해준다.
119) Irenaeus, "Against Heresies," 1, 3, 5, The Ante-Nicene Fathers, vol. 1, p. 320.

였다. 그것은 분명히 하느님의 징표이며, 하느님은 이 사위일체의 속성을 갖고 있음을 말해준다. 십자가는 하느님의 보호에 대한 표이다. 하느님의 속성으로서 그리고 상징 그 자체로서, 사위일체와 십자가는 전체성을 의미한다.[120]

---

120) "The philosophical Tree," Alchemical Studies, CW 13, par. 363.

11
비탄과 매장

　인간 안에 있는 하느님의 형상은 타락에 의해 파괴된 것이 아니라 손상되고 부패한(왜곡된) 것이기 때문에 하느님의 은총을 통해 회복될 수 있는 것이다. 그 통합의 범위는 그리스도의 영혼이 지옥에 내려갔다는 것에서 암시되고 있다. 즉, 그의 구속 작업은 죽은 자의 구속까지도 포함하는 것이다. 심리적으로 이것은 개성화의 과정의 필수적인 부분인 집단 무의식을 통합하는 작업과 동등한 것이다.[121]

---

[121] Jung, Aion, CW 9 ii, par. 72.

110 / 그리스도인의 원형

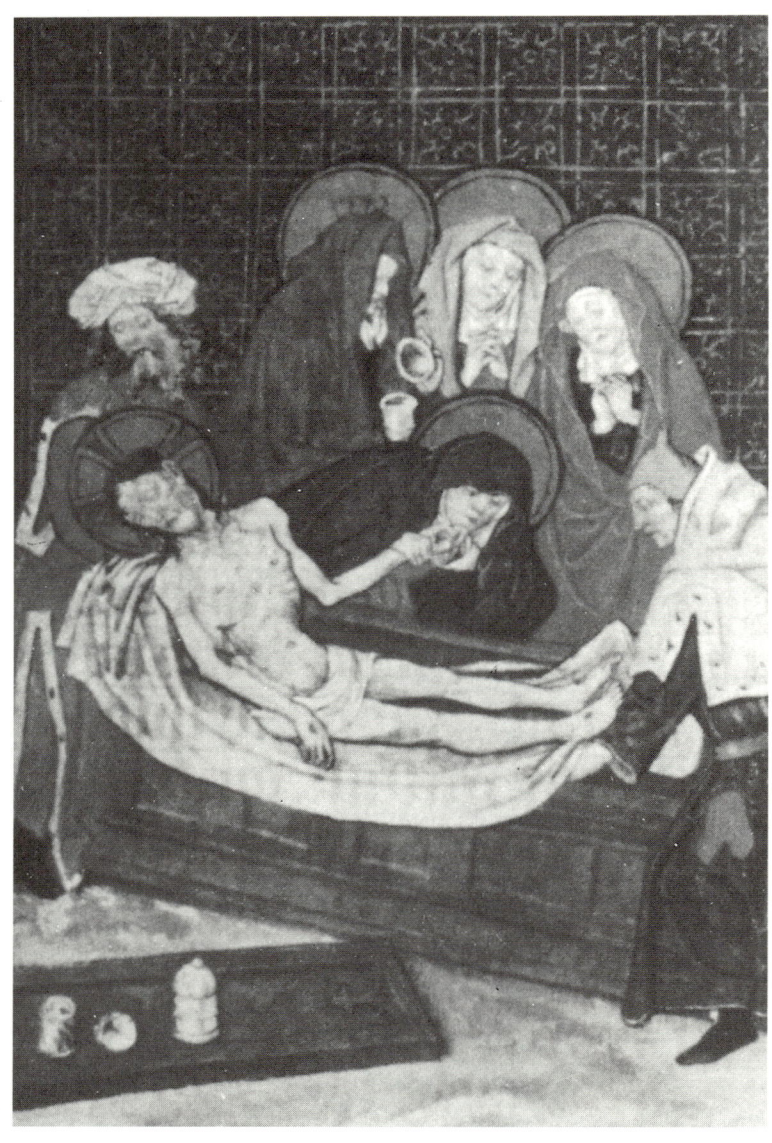

24. 무덤에 묻히심 (The Hours of Catherine of Cleves)

제11장 비탄과 매장 / 111

그래서 요셉은 예수의 시체를 가져다가 깨끗한 고운 베로 싸서 바위를 파서 만든 자기의 새 무덤에 모신 다음 큰 돌을 굴려 무덤 입구를 막아 놓았다. 그 때에 무덤 맞은편에는 막달라 마리아와 다른 마리아가 앉아 있었다. (마태 27: 59-61) (그림 24)

비록 복음서는 이 주제에 대해서 침묵하고 있지만, 신앙 예술 전통은 그리스도의 주검 앞에서 슬퍼하는 마리아의 모습을 통해서 이 주제를 다루어왔다. 이 슬픔의 성모 이미지는 신화와 고대 근동 종교에서 유사한 예를 찾아볼 수 있는데, 그 중에서도 오시리스를 위한 아이시스의 비탄을 꼽을 수 있다. 첫아이에 대한 어머니의 사랑은 아마도 인간 심리의 가장 강한 본능적 애착일 것이다. 그처럼 강하게 애착된 사랑의 대상을 잃는다는 것은 욕망의 근원, 즉 근원적 정신 그 자체가 도전받는 것을 의미한다. 아들을 잃고 비탄해하는 어머니에 대한 원형적 이미지는 대상을 박탈당한 자연적인 리비도를 의미한다. 이것은 연금술의 변형 과정에서 필수적인 단계인 고행(mortification) 단계에 해당한다.[122] 죽은 그리스도를 위해 슬퍼하는 것은 현대인들에게 또 다른 의미를 갖는다. 마리아는 영원한 이미지의 상실을 애통해 하는, 또는 다른 말로 "잃어버린 신을 위한 비가(悲歌)"를 부르는 인류를 나타낸다.[123]

외경의 설명에 따르면, 성 금요일과 부활절 일요일에 그리스도는 지옥으로 내려가 고대의 가치 있는 자들을 건져낸다. 다시 말해서, 소위 지옥을 약탈한다. (그림 25)

그리스도가 죽은 후에 지옥으로 내려갔다는 생각은 분명한 성서

---

[122] Edinger, Anatomy of the Psyche, chapter 6.
[123] Jung, Mysterium Coniunctionis, CW 14, par. 510.

적 근거를 갖고 있지 않다. 그러나 이 생각은 초기 교회에 강한 영향을 끼쳤고 4세기에 처음으로 신앙 문서에 포함되었다. 신이나 영웅이 지하 세계에 내려가서 죽은 사람을 건져내어 이 세상으로 데려오는 이야기는 고전적 신화에서 흔히 찾아볼 수 있다. 그 생각은 아마도 그러한 신화에서 자라난 것일 것이다. 그리스도가 지옥에 내려가서 사탄을 물리치고 구약의 성인들의 영혼을 해방시킨 것에 대한 서술이 포함된 글들이 존재한 시기는 빨라야 2세기였다. 이것은 교회가 기독교 성사의 혜택을 받지 못했던 시대에 살았거나 죽었기 때문에 그리스도가 그들을 구제하기 위해서 올 때까지 낮은 영역에 속해 있었다고 가르쳤음을 말해준다. 이 이야기는 외경인 니고데모 복음서의 경외서(5세기 경)에서 처음으로 나오는데, "황동으로 된 문이 산산 조각나고 죽은 자들을 묶고 있던 사슬이 느슨해졌으며, 영광의 왕이 들어왔다"고 기록하고 있다. 사탄을 쇠사슬로 묶은 다음 구세주는 "아담의 이마에 성호를 그으며 축복했고, 모든 애국자들과 예언자들과 순교자들과 선조들에게도 똑같은 축복을 내렸다. 그리고 그들을 데리고 지옥에서 뛰쳐나왔다." 이 문제에 관해 숙고한 초기 교부들은 그리스도가 내려간 정확한 장소는 지옥이 아니라 지옥의 경계나 중간지대(지옥과 천국사이)라고 결론 내렸다. 이 주제는 중세 극이나 문학에서 자주 등장했고, 대중의 인기를 끌었다. 단테의 신곡에서 연옥(4장)은 지옥계의 첫 번째 영역을 형성하고 있고, 그곳에는 덕을 쌓은 이교도들과 시인, 철학자 그리고 고대의 영웅들이 거주하는 것으로 묘사되고 있다. 중세 예술 안에서 이 주제는 그리스도의 수난사건 중의 하나로 취급되었다. 이 현상은 르네상스기 내내 지속되었고, 드물게는 16세기 이후에도 발견되었다.[124]

---

[124] James Hall, Dictionary of Subjects and Symbols in Art, p. 100.

제11장 비탄과 매장 / 113

25. 지하세계로 내려가심
(The Grandes Heures of Jean, Duke of Berry)

이 상징적 이미지는 고전적인 신화에 등장하는 오디세이, 오르퍼스, 알케스티스, 헤라클레스등과 유사한 것으로서, 심층심리학에서 커다란 중요성을 갖고 있다. 이것은 자아가 의도적으로 무의식으로 내려가는 것을 나타낸다. 자아의 빛은 상층 세계에서 일시적으로 소멸되고 하층 세계로 옮겨지고, 그곳에서 구제할 가치가 있는 무의식적 내용들을 구출하고 심지어 죽음 자체를 정복한다. 후자는 아마도 무의식이 자아를 영원한 것으로 만든다고 암시하는 것 같다. 즉 자아를 무한과 연결시킨다고 보는 것 같다.125)

죽은 자들의 세계는 무의식, 특히 집단 무의식을 나타낸다. 융은 이처럼 집단 무의식과 직면하는 동안 죽은 사람들이 방문하거나 그들을 다시 살려내는 꿈들을 꾸었다.126) 이러한 경험에 대하여 그는 이렇게 말한다.

> 그 순간부터 응답되지 않고, 해결되지 않고, 구속받지 못한 것들의 목소리가 내게 더욱 분명해졌다. … 이러한 죽은 자들과의 대화는 무의식에 관해 내가 세상과 의사소통해야만 했던 것의 일종의 전조였다. … 내가 나 자신에게만 속하는 것을 중단하였고 그런 권리를 포기한 것은 바로 그 때였다. 그 때부터 나의 삶은 모든 사람들에게 속한 것이 되었다.127)

모든 사람들에게 속한 삶을 산다는 것은 무한과 연결된 삶을 말한다. 자아는 상대화된다. 자아는 초월적 권위를 인정하고 자신을 더 큰 존재에 종속시킨다.

---

125) "인간을 위한 결정적인 질문은 이것이다. 그는 영원한 무엇과 접촉하고 있는가?" Jung, Memories, Dreams, Reflections, p. 325.
126) "Seven Sermons to the Dead"에 관한 융의 논의를 보라. Memories, Dreams, Reflections, pp. 191f.
127) Ibid., pp. 191f.

12

부활과 승천

나는, 수많은 사람들이 알고 있듯이, 우리가 지금 하느님이 죽고 사라진 시대를 살고 있다는 것을 알고 있다. 부활 신화는 그가 그의 몸이 있던 곳에서 발견되지 않는다고 말한다. 몸이란 물질이며 눈에 보이는 형태이며, 가장 높은 가치가 잠시 동안 머무는 장소를 의미한다. 나아가 그 신화는, 그 가치는 기적적인 방식으로 다시 일어섰고 변형되었다고 말한다. 그것은 기적처럼 보인다. 왜냐하면 가치는 한 번 사라지면 영원히 되찾을 수 없는 것처럼 보이기 때문이다. 그래서 그것을 되찾는다는 것은 전혀 예상 밖의 일이다. 죽어서 지옥에 가 있는 사흘은 사라진 가치가 무의식으로 내려가는 것을 의미한다. 거기에서 그것은 어둠의 세력을 정복함으로써 새로운 질서를 확립하고, 하늘로 다시 올라간다. 즉, 의식의 최상의 명료함을 획득한다. 오직 몇 사람만이 부활한 자를 볼 수 있다는 사실은 변형된 가치를 발견하고 인식하기 위해서는 결코 작지 않은 어려움이 놓여 있음을 말해준다.[128]

---

128) Jung, Psychology and Religion, CW 11, par. 149.

116 / 그리스도인의 원형

26. 부활
(The Hours of Catherine of Cleves)

부활

안식일 다음날 아직 동이 채 트기도 전에 그 여자들은 준비한 향료를 가지고 무덤으로 갔다. 그들은 무덤 어귀를 막은 돌이 무덤에서 굴려져 있는 것을 보았다. 그들이 안으로 들어가 보니 주 예수의 시신이 없었다. 그래서 그들이 이 일을 어떻게 해야 할지를 모르고 있는데, 보니 남자들이 눈부신 옷을 입고 그들 앞에 서 있었다. 여자들이 두려워서 얼굴을 아래로 숙이고 있는데, 남자들이 그들에게 말하였다. "어찌하여 부인들은 살아계신 분을 죽은 사람들 가운데서 찾고 있습니까? 그는 여기 계시지 않고 살아나셨습니다." (누가 24: 1:6)(그림 26)

텅 빈 무덤이 발견된 후에, 부활하신 그리스도와 만난 사건들에 대해 말하는 몇몇 보고들이 있다. 막달라 마리아는 제일 먼저 그를 만났으나 그를 정원사로 오인했다. (요한 20:11-17) 부활하신 그리스도는 갈릴리로 가고 있는 열 한명의 제자들에게 나타났으나 그들 중 "몇 사람은 그를 의심했다." (마태 28: 16,17) 또 그는 엠마오로 가는 두 제자를 만났으나 "그들은 눈이 어두워 그를 알아보지 못했다." (누가 24:13-16) 다시금 그리스도는 열두제자들 앞에 나타났으나 그들은 그가 유령인줄 알고 놀라고 무서워했다. (누가:36f) 마지막으로, 그는 제자들이 고기를 잡고 있는 디베랴 강가에 나타났다. "예수가 호숫가에 계셨지만, 제자들은 그 분이 예수님인 줄을 미처 알아보지 못했다." (요한 21:4)

가장 가까웠던 제자들조차도 처음에 부활하신 예수를 알아보지 못했다는 사실은 변형된 가치를 인식하고 발견하는 것은 결코 쉬운 일이 아니라는 것을 말해준다.[129] 이 어려움은 그리스도

---

129) Ibid.

가 성령으로 즉, 구체적인 외적 가치에 대한 헌신으로부터 내적인 자율적 정신으로 옮겨가는 것을 이해하는 것과 관련되어 있다.

그리스도의 부활은 아이시스가 오시리스의 해체된 시신을 재구성하는 이야기와 평행을 이루고 있다.130) 그 이야기에서 그 일은 기름을 바르는 것으로 완성되며, 이러한 이집트 식 방부처리 과정을 통해 죽은 자는 영원불멸의 몸으로 변형된다. 이 과정은 사십일이 걸린다. (창세기 50:3) "사십일"은 연금술 작업에 필요한 숫자이며, 131)그리스도의 부활과 승천 사이의 시간과도 일치한다. 그리스도와 오시리스의 죽음과 재탄생은 개성화 과정에 포함된 죽음과 재탄생과 일치한다. 죽음의 밤이 지나면 새로운 태양이 떠오르는 새벽이 온다. 이 원형적 사건은 외적으로는 식물의 혼이 겨울에 죽었다가 봄에 소생하는 것에서 반영되고 있다. 검은 것에서 초록 빛 생명이 나온다. 융은 다음과 같이 말한다.

> 불완전한 변형의 상태, 즉 단순히 희망하거나 기다리고 있는 상태는 고통의 측면만이 아니라, 비록 숨겨져 있지만, 긍정적인 행복의 측면도 갖고 있는 것으로 보인다. 이것은 심리적 변화의 미로에서 방황하는 한 사람이 자신의 외형적 외로움과 화해시켜주는 비밀스런 행복함과 만나고 있는 상태를 가리킨다. 이 때 그는 자신과 대화함으로써 지독한 지루함이나 슬픔을 발견하는 것이 아니라, 내면의 동반자, 그보다 더한 비밀스런 사랑의 행복, 혹은 메마른 땅에서 새싹이 움트고 수확을 약속하는 숨겨진 봄과 같은 것을 발견한다. 이것이 연금술이 말하는 '축복받은 녹색'이다. 이

---

130) 동시성 원리를 보여주는 하나의 사건이 일어났다. 1981년 6월 3일, 내가 이 글을 쓰고 있는 동안 내 아들 로널드의 사망 소식을 알리는 전화를 받았다.
131) Jung, Mysterium Coniunctionis, CW 14, par. 77, note 215.

것은 한편으로는 금속의 녹을 가리키고, 다른 한편으로는 모든 것 안에 비밀스럽게 내재해 있는 신성한 혼을 가리킨다.132)

사도 바울은 고린도 전서 15장에서 부활의 원형을 다음과 같이 서술한다.

그러나 "죽은 사람이 어떻게 살아나며 어떤 몸으로 옵니까?" 하고 묻는 사람이 있을 것입니다. 어리석은 사람이여! 그대가 뿌리는 씨는 죽지 않고서는 살아나지 못합니다. 그리고 뿌리는 것은 장차 생겨날 몸 그 자체를 뿌리는 것이 아닙니다. 밀이든지 그 밖에 어떤 곡식이든지, 다만 씨앗을 뿌리는 것입니다. 그러나 하나님께서는, 뜻하신 대로 그 씨앗에 몸을 주시고, 그 하나하나에 각기 고유한 몸을 주십니다.
모든 살이 똑같은 살은 아닙니다. 사람의 살도 있고, 짐승의 살도 있고, 새의 살도 있고, 물고기의 살도 있습니다. 하늘에 속한 몸도 있고, 땅에 속한 몸도 있습니다. 하늘에 속한 몸들의 영광과 땅에 속한 몸들의 영광이 저마다 다릅니다. 해의 영광이 다르고, 달의 영광이 다르고, 별들의 영광이 다릅니다. 별마다 영광이 다릅니다. 죽은 사람들의 부활도 이와 같습니다. 썩을 것으로 심는데, 썩지 않을 것으로 살아납니다. 비천한 것으로 심는데, 영광스런 것으로 살아납니다. 약한 것으로 심는데, 강한 것으로 살아납니다. 자연의 몸으로 심는데, 신령한 몸으로 살아납니다.
자연의 몸이 있으면, 신령한 몸도 있습니다. 성경에 "첫 사람 아담은 산 영이 되었다"고 기록한 바와 같이, 마지막 아담은 생명을 주는 영이 되셨습니다. 그러나 신령한 것이 먼저가 아닙니다. 첫 사

---

132) Ibid., par. 623. 융은 또한 "초록은 성령의 색깔"이라는 점을 주목한다. Ibid., par. 395.

람은 땅에서 났으므로 흙으로 되어 있지만, 둘째 사람은 하늘에서 났습니다. 흙으로 빚은 그 사람과 같이, 흙으로 되어 있는 사람들이 그러하고, 하늘에 속한 그분과 같이, 하늘에 속한 사람들이 그러합니다. 우리가 흙으로 빚은 그 사람의 형상을 입은 것과 같이, 또한 하늘에 속한 그분의 형상을 입을 것입니다.
형제자매 여러분, 내가 말하려는 것은 이것입니다. 살과 피는 하나님 나라를 유업으로 받을 수 없고, 썩을 것은 썩지 않을 것을 유업으로 받지 못합니다. 보십시오. 내가 여러분에게 비밀을 하나 말씀드리겠습니다. 우리가 다 잠들 것이 아니라, 다 변화할 것인데, 마지막 나팔이 울릴 때에, 눈 깜박할 사이에 홀연히 그렇게 될 것입니다. 나팔소리가 나면, 죽은 사람은 썩지 않을 몸으로 살아나고, 우리는 변화할 것입니다. 썩을 몸이 썩지 않을 것을 입어야 하고, 죽을 몸이 죽지 않을 것을 입어야 합니다. (고린도 전서 15:35-53)

융은 같은 생각을 현대적인 언어로 진술한다.

완전한 실패는 십자가의 비극적 부르짖음에서 나타나 있다. "나의 하나님, 나의 하나님, 왜 나를 버리십니까?" 이 말에 담긴 비극을 온전히 이해하기 위해서는 그 말의 의미를 깨달아야만 한다. 그리스도는 신념에 따라 헌신했던 그의 삶 전체가 하나의 끔찍스런 환상이라는 사실을 보았던 것이다. 그는 철저하게 성실하게 살았고, 정직한 시도를 했지만, 그에게 주어진 보상은 처참한 것이었다. 십자가 위에서 그의 사명이 그를 버린 것이다. 그러나 그가 그렇게 철저하게 헌신적으로 살았기 때문에 그는 승리했고 부활한 몸을 얻었다. 133)

---

133) C.G. Jung Speaking, pp. 97f.

융이 말하는 "부활한 몸"은 바울이 말하는 "하늘에 속한 것"(고린도전서 15:40)에 해당한다. 그들이 말하는 것은 우리의 의식적 이해를 넘어서는 것이다. 내 가정에 의하면, 그들은 개성화의 궁극적 목표인, 자아가 원형으로 변형되는 것을 말하고 있다.134)

그리스도의 죽음과 부활은 개인뿐만 아니라 집단 정신 안에 살고 있는 하나의 원형이다. 역사 안에는 집단적인 하느님 이미지가 죽음과 재탄생을 거치는 특정한 시기가 있다. 지금이 바로 그 시기이다. 이십 세기는 역사의 성 토요일이다.

> 니체가 "신은 죽었다"라고 말했을 때, 이것은 유럽의 많은 사람들에게 맞는 말이었다. 사람들이 이 말에 영향을 받은 이유는 니체가 그렇게 말했기 때문이 아니라, 그 말이 널리 펴져 있는 심리적 사실을 진술했기 때문이다. 그것의 결과는 오래 지연되지 않았다. 이데올로기의 안개가 걷힌 후 대재난이 찾아왔다.135)

> 우리는 그리스 사람들이 "카이로스"(kairos)—바로 그 순간—라고 부른 바로 그 시기에 살고 있다. 그것은 지금이 바로 신들의 변형이 이루어지는 시기, 또는 근본적인 원리와 상징들이 변형을 성취하는 그 시기이기 때문이다. 우리 시대의 특수성은 ⋯ 변화 중인 우리 안의 무의식적 인간이 드러난다는 데 있다.136)

승천

부활은 사실 세 가지 연속적인 사건인, 부활, 상승, 하강(성령강

---

134) Edinger, The Creation of Consciousness, pp. 23ff.
135) Jung, Psychology and Religion, CW 11, par. 145.
136) Jung, "The Undiscovered Self," Civilization in Transition, CW 10, par. 585.

림) 중에서 첫째 사건이다. 승천은 사도행전 1:8-11에 서술되어 있다. 예수께서는 제자들에게 다음과 같이 말한다.

> 그러나 성령이 너희에게 내리시면, 너희는 권능을 받고, 예루살렘과 온 유다와 사마리아에서, 그리고 마침내 땅 끝까지, 나의 증인이 될 것이다. 이 말씀을 하신 뒤에, 주께서 그들이 보는 앞에서 들려 올라가시니, 구름에 쌓여서 보이지 않게 되었다. 예수께서 하늘로 올라가실 때에, 그들이 하늘을 쳐다보고 있는데, 갑자기 흰 옷을 입은 사람들이 그들 곁에 서서 "갈릴리 사람들아, 어찌하여 하늘을 쳐다보면서 서 있느냐? 너희를 떠나서 하늘로 올라가신 이 예수는, 하늘로 올라가신 것을 너희가 본 그대로 다시 오실 것이다"하고 말하였다. (그림 27)

위의 본문 중에 마지막 말은 그리스도의 재림(parousia)에 대한 언급으로 이해된다.137) 그러나 이것은 오순절 성령강림에 대한 언급이기도 하다. 이것은 특히 그리스도께서 위의 구절 첫 부분에서 성령강림에 대해서 말씀하셨기 때문이다. 그리스도는 신인 동시에 사람이다. 그래서 모순을 짊어지고 있다. 신으로서 그는 하늘에서 시작하여 화육을 통해 땅으로 왔다가 승천하여 하늘로 되돌아갔다. 인간으로서 그는 땅에서 시작하여 하늘로 올라가셨다가 성령(보혜사) 강림을 통해 땅으로 되돌아왔다. 하강이 뒤따르는 상승은 연금술의 상징과 일치한다. 헤르메스의 에메랄드 판(The Emerald Tablet of Hermes), 즉 철학자의 돌을 만들기 위한 방법에는 다음과 같은 말이 포함되어 있다. "그것은 땅에서 하늘로 올라간 다음 다시 땅으로 내려오며, 위와 아래의 힘을 받는다."138) 이 구절에 대해 융은 다음과 같이 설명한다.

---

137) 1 그리스도의 두 번째 도래
138) 1 Edinger, Anatomy of the Psyche, pp. 142, and 231.

27. 승천
(Rembrandt painting)

연금술사에게 있어서, 하늘을 향한 일방통행은 의심의 여지가 없다. 그러나 위에서 내려와서 다시 위로 올라가는 기독교 구세주와는 대조적으로, 대우주의 아들은 아래에서 출발하여 높이 올라간 다음, 위와 아래의 모든 권능을 통합하여 다시 땅으로 내려온다. 그는 그리스도와는 반대 방향으로 움직이는데, 이로써 영지주의의 구원자는 그리스도와 상반되는 본성을 드러낸다.139)

여기서 우리는 질문하게 된다. 구원자의 기원은 땅인가 하늘인가? 이 질문은 다음과 같은 심리학적인 질문을 불러일으킨다. 개성화는 자아에서 시작되는가? 자기에서 시작되는가? 이것은 우리를 자아-자기의 역설에 직면하게 만든다.

자기는, 무의식처럼, 선재하는 것이며, 그것에서부터 자아가 진화되어 나온다. 그것은 말하자면 자아의 무의식적인 전조이다. 나를 창조한 존재는 내가 아니다. 나는 나 자신으로 창조된 존재이다. … [그러나] 심리학은 인과적인 연결망에도 불구하고 인간은 자유의 감정을 즐긴다는 사실을 고려해야만 한다. 그 사실은 의식의 자율성과도 같은 것이다. 자아 의식의 존재는 그것이 자유롭고 자율적일 때에만 의미 있는 것이 된다. 이 사실을 말함으로써 우리는 역설적인 사물의 본질을 말했다. 그러나 동시에 우리는 있는 그대로의 사물의 모습을 묘사하기도 했다. … 실제에 있어서 그 두 가지 모두는, 즉 자기의 우월성과 의식의 혼합성은 항상 현존한다.140)

---

139) "The Spirit Mercurius," Alchemical Studies, CW 13, par. 280.
140) Jung, "Transformation Symbolism in the Mass," Psychology and Religion, CW 11, par. 391. The Mysteries에 실린 같은 논문에서는 다음 문장이 첨가되어 있다. "만약 자아 의식이 배타적으로 자신의 길만을 따른다면, 그것은 신이나 초인이 되려고 노력하게 될 것이다. 그 자체가 의존되어 있다는 사실을 인식하지 못할 때, 그것은 유치한 파멸과 세상에 대한 부정과 사람을 싫어하는 영적 오만에 빠지게 될 것이다"(p. 324).

13

성령강림

오리겐은 삼위(Three Persons)에 대해 말하면서, 성부가 가장 높은 위치에 있고 성령이 가장 낮은 위치에 있다고 설명했다. 성부가 우주적 무한성으로부터 내려와 인간의 영혼 안으로 화육됨으로써 가장 낮은 존재가 되었다는 점에서, 이 말은 사실이다. …
성령의 낮음은 신의 영이 작은 불꽃으로 용해되어 있다―그럼에도 불구하고 본래의 온전한 모습대로 남아 있다는―는 사실에 근거한다. 성령이 여러 명의 개인들 안에 거주하면서 그들을 하느님의 아들(huioi tou theou)[141]로 변형시킨다는 사실은 그리스도교 중심주의를 넘어서는 데 중요한 의미를 갖는다. … 아들 수준에서 선악의 문제에 대한 답은 없다. 거기에는 오직 치유할 수 없는 대극의 분리만이 있다. … 내가 보기에 인간 영혼의 특별한 발달을 통해서 인간 개인 안에 있는 대극을 화해시키고 재연합하는 일은 성령의 과제와 임무인 것 같다.[142]

---

141) Sons of God.
142) Jung, "Letter to Pere Lachat," The Symbolic Life, CW 18, pars. 1552f.

126 / 그리스도인의 원형

28. 성령강림
(The Tres Riches Heures of Jean, Duke of Berry)

오순절이 되어서, 그들은 모두 한 곳에 모였다. 그 때에 갑자기 세찬 바람이 부는 듯한 소리가 하늘에서 나더니, 그들이 앉아있는 온 집안을 가득 채웠다. 그리고 그들에게 불길이 솟아오르는 것과 같은 혀들이 갈래갈래 갈라지면서 나타나더니, 각 사람 위에 내려앉았다. 그들은 모두 성령으로 충만해서, 성령이 시키는 대로 각각 다른 방언으로 말하기 시작하였다. 예루살렘에는 경건한 유대 사람이 세계 각국으로부터 와서 살았다. 그런데 이런 말소리가 나니, 많은 사람이 모여 와서, 각각 자기네 지방의 말로 제자들이 말하는 것을 듣고서, 어리둥절하였다. 그들은 놀라서, 신기하게 여기며 말하였다. "보십시오, 말하고 있는 이 사람들은 모두 갈릴리 사람이 아니오? 그런데 우리 모두가 저마다 태어난 지방의 말로 듣고 있으니, 어찌 된 일이오? 우리는 바대 사람과 메대 사람과 엘람 사람이고, 메소포타미아와 유대와 갑바도기아와 본도와 아시아와 브루기아와 밤빌리아와 이집트와 구레네 근처 리비아의 여러 지역에 사는 사람이고, 또 나그네로 머물고 있는 로마 사람과 유대 사람과 유대교에 개종한 사람과 크레타 사람과 아라비아 사람인데, 우리는 저들이 하나님의 큰일들을 우리 각자의 말로 이야기하는 것을 듣고 있소." 사람들은 모두 놀라서, 어쩔 줄을 몰라"이게 도대체 어찌 된 일이오?"하면서, 서로 말하였다. 그런데 더러는 조롱하면서 "그들이 새 술에 취하였다" 하고 말하는 사람도 있었다. (사도행전 2:1-13) (그림 28)

성령강림과 함께 화육의 순환궤도는 완성된다. 그것은 수태고지를 위해 성령이 강림하면서 시작되었다. 그리스도의 생애 동안에 있었던 사건들을 거친 후에 성령은 승천과 함께 그것이 왔던 곳으로 되돌아갔다. 이제 성령은 다시 강림했고, 도표가 보여주듯이, 새로운 순환이 시작된다.

그리스도의 생애 동안 성령은 그리스도 안에서 자신을 드러냈다. 그리스도는 성령에 의해 잉태되었고, 세례에서 성령에 의해 기름부음을 받았다. 그리스도는 승천할 때 성령을 데리고 갔다. 즉, 땅은 초자연적인 요소를 박탈당한 상태로 남겨졌다. 그러나 그는 자신이 떠난 후에 성령이 돌아올 것이라고 예언했다.

> 내가 떠나가는 것이 너희에게 더 유익하다.
> 내가 떠나가지 않으면,
> 보혜사가 너희에게 오지 않을 것이다.
> 그러나 내가 가면, 보혜사를 너희에게 보내주겠다. (요한 16:7)

> 내가 아버지께 구하겠다.
> 그러면 아버지께서 다른 보혜사를 너희에게 보내셔서,
> 영원히 너희와 함께 있게 하실 것이다.
> 그분은 진리의 영이시다.
> 세상은 그분을 보지도 못하고 알지도 못하므로, 그분을 맞아들일 수가 없다.
> 그러나 너희는 그분을 안다. 그것은 그분이 너희와 함께 계시고 또 너희 안에 계시기 때문이다. 나는 너희를 고아처럼 버려두지 않고, 너희에게 다시 오겠다.
> 조금 있으면 세상이 나를 보지 못할 것이다. 그러나 너희는 나를 보게 될 것이다.
> 그것은 내가 살아 있고 너희도 살아 있을 것이기 때문이다.
> 그 날에 너희는, 내가 아버지 안에 있고, 또 내가 너희 안에 있음을 알게 될 것이다. (요한 14:16-20)

성령의 특별히 구체적인 현시로서의 그리스도는 제자들이 성

제13장 성령강림 / 129

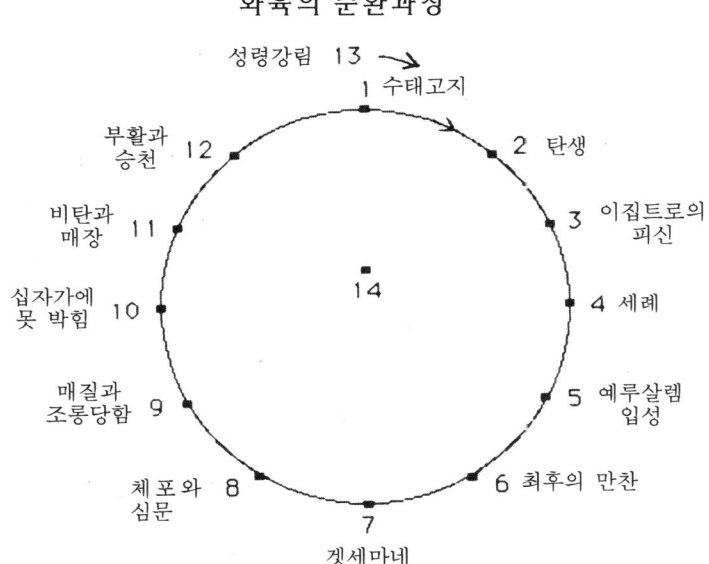

령과의 개인적인 관계를 발달시킬 수 있기 위해서 죽어야만 한다. 즉, 투사는 철회되어야 한다. 이것은 "그리스도교 중심주의를 넘어서 앞으로 가는 데" 필수적인 요소이다.[143] 이 단계는 그리스도의 죽음의 시점에서 발생하는 것이 아니다. 개인이 성령을 담는 그릇이 되지 않았다. 대신에, 집단적 그릇인 교회가 성령을 담는 용기(容器)가 되었다.

성령강림절은 교회의 생일로 간주된다. 교황 레오는 다음과 같이 말한다.

이미 수태된 교회는 두 번째 아담의 옆구리에서 나왔다. 말하자면 교회는 그리스도가 십자가 위에서 잠들어 있을 때, 위대한 성

---
143) Ibid., par. 1553.

령강림의 날에 놀라운 방식으로 사람들 앞에 처음으로 자신의 모습을 드러냈다.[144]

성령강림에 대한 그림에서 동정녀 마리아가 중심에 자리 잡고 있는 전통은 성서적 근거를 갖고 있지 않다. 거기에서 동정녀 마리아는 교회를 나타내는 것으로 간주된다. 신앙 공동체의 발달은 개인을 신성과의 사적인 만남으로부터 보호하는 기능을 갖는다. 따라서 교회는 어떤 새롭거나 개인적인 계시를 기대하지도 감히 장려하지도 않는다. 교회는 다음과 같이 가르친다.

교회를 위해 성령이 해야 할 임무는 불변하는 계시를 안전하게 보존하는 것이다. … 왜냐하면 사도들이 죽은 후에는 어떤 새로운 섭리나 계시도 기대되지 않고 있으며, 나아가 드러난 진리의 객관적인 증거도 없었고 또 없을 것이기 때문이다.[145]

그리스도의 몸인 교회는 성령강림의 순간에 수태 고지를 내포하고 있다. 그것은 그리스도의 죽음과 승천으로 끝나는 화육의 순환 궤도에 포함된 연속적인 사건들을 반복하도록 운명 지워졌다. 이런 생각은 신학자들 사이에서 알려져 있었으나 최후의 날에 대한 생각에로 투사되어 있다. 이에 대해 카톨릭 신학자인 휴고 라너는 융에게 다음과 같이 설명한다.

신학자들의 근본적인 생각은 항상 이것이다. 그리스도의 몸으로서의 교회의 운명은 그리스도 자신이 땅위에서 겪었던 운명을 따르도록 결정되어 있다. 그것은 교회가 역사 안에서 지상에서의

---

144) George D. Smith, ed., The Teaching of the Catholic Church, vol. 1, p. 159.
145) Ibid.

사명을 완수한 후에 불필요해지고 사라지게 되는 그 날까지 죽음을 향해 움직여 간다는 것을 의미한다. 시편 71:7은 이것을 달의 상징주의를 사용하여 교회가 "달이 기울 때까지" 존재할 것이라고 표현한다. 그리스도의 자기 비움이 죽음에서 완성되었듯이, 교회를 일컫는 달도 유사하게 비워지는 과정을 겪게 된다.146)

만일 그리스도의 죽음이 "최후의 날"까지 연기될 수 있다면, 어떤 일이 일어날까? 융은 다음과 같이 말한다.

특별한 용기를 갖지 않은 사람들은 성령이 지나치게 간섭하지 않는 것을 하느님께 감사할 것이다. 사람들은 교회의 그늘에서 훨씬 안전하게 느끼며, 교회는 하느님과 성령으로부터 사람들을 보호하는 요새로서 봉사한다. 카톨릭 교회가 정기적으로 전례에서 활동하시는 영을 "소유하고" 있다는 사실은 사람들에게 커다란 위안을 준다. 그 때 사람들은 자신들이 잘 묶여져 있다는 것을 알게 된다.147)

그러나 만일 교회가 완성하는 화육 순환이 "최후의 날"에 끝나는 것이 아니라면, 우리는 한 번 더, 이번에는 개인이 성령을 담는 그릇으로 사용되는 또 하나의 순환을 기대할 수 있을 것이다. 이것은 융이 말하는 계속되는 화육에 대한 생각으로 우리를 인도한다.

하느님의 자녀라고 불리는 자들에 대한 성령의 지속적이고 직접적인 작용은 사실 확장된 화육의 과정을 암시한다. 하느님에게서

---

146) Jung, Mysterium Coniunctionis, CW 14, par. 28, note 194.
147) Jung, "Letter to Pere Lachat," The Symbolic Life, CW 18, pars. 1534.

나신 아들 그리스도는 장자이며, 그 뒤를 이어 어린 형제들과 자매들이 끝없이 태어날 것이다. 그러나 이들은 성령에 의해 잉태되지도 처녀의 몸에서 태어나지도 않을 것이다. … 그들의 천한 태생(아마도 포유류로부터 발달해 나온)은 하느님이 그들의 아버지가 되고 그리스도가 그들의 형이 되는 친족관계를 방해하지 않는다.148)

신적인 화육은 지속되고 진보한다. 따라서 인간은 신적인 드라마 안에 수용되고 통합된다. 그는 그 드라마의 결정적인 부분을 맡도록 운명 지워진 것처럼 보인다. 이것이 그가 성령을 받아야만 하는 이유이다. 나는 성령을 받는 것을 매우 혁명적인 사건으로 본다. 그것은 아버지의 양가적인 본성을 인식하기 전에는 발생할 수 없는 것이다. 만일 신이 최고의 선(the highest good)이라면, 화육은 말이 되지 않는다. 왜냐하면 좋은 신은 그의 독생자가 희생되어야만 하는 그런 증오와 화를 발생시키지 않을 것이기 때문이다. 전승되는 유대인들의 이야기 전통 안에는 구원의 날에 야훼가 아브라함에게 행한 부정(이삭을 살해하라고 지시했던)을 상기시킴으로써 그것이 되풀이 되는 것을 막는 이야기가 아직도 전해오고 있다. 신의 개념에 대한 세심한 검토는 필요한 만큼의 불편한 결과를 가져올 것이다. 그러나 그것은 삼위일체적 드라마와 성령의 역할에 대한 내적 발달을 위해서 필수적이다. 성령은 인간 안에서 화육되거나 인간을 일시적 거주지로 선택하게 되어 있다. 성 토마스는 성령은 "자체의 고유한 자리를 갖고 있지 않다"고 말한다. 왜냐하면 성령은 인간의 이름을 받을 것이기 때문이다. 그것이 성령이 그리스도와 동일시되어서는 안 되는 이유이다.

---

148) Jung, "Answer to Job," Psychology and Religion, CW 11, par. 658.

우리는 그리스도가 자신의 삶을 받아들였듯이, 우리 자신의 개인적 삶을 받아들이지 않는 한, 성령을 받을 수 없다. 따라서 우리는 십자가 죽음에 의해 대표된 신적인 대극의 갈등을 경험하도록 운명 지워진 신의 자녀가 된다.[149]

---

149) Jung, "Letter to Pere Lachat," The Symbolic Life, CW 18, pars. 1551.

14
마리아의 승천과 대관식

마리아의 승천에 대한 교리화는 하늘에서의 성 결혼(the hieros gamos)을 가리키는 것으로서, 이는 미래에 있을 신성한 아이의 탄생을 의미한다. 그 아이는 화육을 지향하는 신적 성향에 따라 자신의 탄생 장소로서 경험적인 인간을 선택할 것이다. 이 형이상학적 과정은 개성화 과정, 또는 무의식의 심리학으로 알려져 있다.[150]

---

150) Jung, "Answer to Job," Psychology and Religion, CW 11, par. 755.

136 / 그리스도인의 원형

29. 동정녀의 대관식
(The Tres Riches Heures of Jean, Duke of Berry)

마리아의 승천은 화육 순환 바깥에 위치해 있는데, 그 이유는 아마도 성서적 근거를 갖고 있지 않기 때문일 것이다. 이것은 전설과 자발적인 집단적 신앙의 산물이다.

수 세기 동안 교회의 축일로 지켜온 성모 승천 대축일은 1950년 교황 비오 12세가 선포한 신앙 교서에로 공식화되었다. 3,4 세기 외경들과 카톨릭 교회의 전통에 기초를 둔 이 믿음은 성서적 근거를 갖고 있지 않다. 이것은 동정녀의 죽음에 대한 이야기가 계속해서 발전된 것이다. 동정녀에 대한 숭배가 팽배했던 13세기 동안에 예술가들에게 인기 있는 원전인 "황금의 전설"이 출현했는데, 그 안에는 외경에 있는 이야기가 다른 형식으로 재연되었다. 마리아가 죽은 지 삼일 째 되던 날, 제자들이 마리아의 무덤 옆에 앉아 있었는데, 그리스도가 처녀의 영혼을 데리고 온 대천사 미가엘과 함께 나타났다. "즉시 마리아의 몸으로 영혼이 들어왔고, 그녀는 영광스럽게 무덤에서 나와 천국의 침실로 영접되었으며 천사들이 그녀와 함께 하였다." 성모 승천은 13세기에 처음으로 고딕 양식의 조각품에서 널리 묘사되었고, 특히 교회의 정문은 마리아께 봉헌되었으며, 종교 예술 안에서 중요하고 헌신적인 주제로 자리 잡게 되었다.[151]

가장 일반적인 형태의 대관식은 마리아가 그녀의 머리에 왕관을 씌우는 그리스도의 곁에 앉아 있는 모습이다. 혹은 그녀가 그리스도 앞에 무릎을 꿇고 있거나 하느님이 그녀에게 왕관을 씌우는 모습이다.[152](그림 29)

---

151) James Hall, Dictionary of Subjects and Symbols in Art, p. 34.
152) Ibid., p. 76.

마리아의 승천은 화육 순환의 결실을 표현하는 포괄적이고 요약적인 이미지로 간주될 수 있다. 즉, 그것은 전체, 다시 말해서, 연합을 상징한다. 융이 연합 원형에 대한 경험적 발견을 공표한 같은 시기에,153) 교황은 마리아의 승천에 대한 교리를 공표했다 (1950). 융은 이것을 "종교개혁 이후에 가장 중요한 사건"으로 보았다.154) 역사적 동시성을 보여주는 이 놀라운 사건은 그 연합 이미지가 현대인을 위한 가치 있는 상징이라는 사실을 강조한다.

혼례를 통한 결합은 신성한 결혼을 의미하며, 그것은 다시금 화육을 향한 첫 발걸음, 고대로부터 해와 달 사이의 아들로 여겨졌던, 또는 사람의 아들, 즉 그리스도로 여겨졌던, 구세주의 탄생을 향한 첫 걸음을 의미한다. 그러므로 하느님의 어머니가 높임 받기를 바라는 염원이 사람들에게 전파되었다. 이런 경향은 구세주, 평화를 만드는 자, 적들 사이에 평화를 가져오는 중재자가 탄생하기를 바라는 욕망을 의미한다.155) 비록 그가 이미 하늘에서 태어났지만, 시간 안에서의 그의 탄생은 인간에 의해서 지각되고 인정되고 선포될 때에만 완성될 수 있다.156)

융은 다른 곳에서 성모 승천은 기독교 교리인 삼위일체를 사위일체로 변형시킨다고 지적하였다. 성모 승천 교리가 사위일체에 대한 중세 시대의 믿음을 교리적 현실로 만들었다는 것이다. 그 사위일체는 다음과 같은 패턴으로 구성되어 있다.157)

---

153) "The Psychology of the Transference" (1946), The Practice of Psychotherapy, CW 16, and Mysterium Coniunctionis(1955), CW 14.
154) Jung, "Answer to Job," Psychology and Religion, CW 11, par. 752.
155) "A mediator making peace between enemies."
156) Jung, "Answer to Job," Psychology and Religion, CW 11, par. 748.
157) Jung, Mysterium Coniunctionis, CW 14, par. 237.

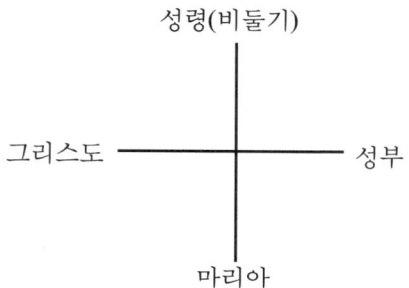

성모 승천은 현대인의 마음에 이 이미지가 타당성을 갖는다는 사실을 예견한 연금술의 상징주의에서 두드러지게 나타나고 있다. 그것은 르즈너(Reusner)의 "판도라"(1588) 그림에서 압축적으로 표현되어 있다. (그림 30)

그 그림의 제목은 "성 삼위의 거울 이미지"이다. 이것은 마리아가 성 삼위와 동등한 지위를 차지하고 있는 대관식을 나타낸다. 하늘에서 발생한 이 사건은 땅 위에서 원초적 물질로부터 수은의 영을 추출해내는 이상한 이미지로 반영되고 있다. 그 그림의 네 모퉁이에는 기독교의 사위를 구성하는 전형적인 인물인, 네 명의 전도자들이 있다. 그림의 아래 부분에는 물질의 덩어리가 있는데, 거기로부터 괴상한 생물이 왕관을 쓰고 있고 후광으로 둘러싸인 인물에 의해 끌어당겨지고 있다. 그 괴물은 후광을 지닌 인간의 머리와 인간의 다리, 뱀의 팔, 물고기의 몸에 달린 날개를 가지고 있다. 이 그림에 대해서 융은 다음과 같이 설명한다.

신체를 주제로 채택하는 것은 오래 전부터 역사적 및 물질적 사건으로서 강조되어 왔으며, 따라서 연금술사들은 마리아 승천에서 표현된 것들을 사용하여 물질을 영광스럽게 만드는 작업을 서

140 / 그리스도인의 원형

술할 수 있었다. 르즈너의 판도라 그림은 이 변형 과정을 보여주는데, 그 그림에서 대관식 장면 아랫부분에는 마태와 누가의 문장(紋章) 사이에 위치한 일종의 방패가 있고, 그 방패 위에는 원초

30. 동정녀 마리아의 대관식과 수은의 추출과정
(Alchemical drawing)

적 물질로부터 수은이 추출되는 모습이 그려져 있다. 추출된 영은 괴물의 형태를 띠고 있다. 후광으로 둘러싸인 머리는 전통적인 그리스도의 머리를 상기시키고, 팔은 뱀을 그리고 하체는 물고기의 꼬리를 닮았다. 이것은 의심의 여지없이 물질의 족쇄에서 자유롭게 된, 세상의 영혼, 즉 대우주의 아들 또는 수은-인간을 나타낸다. 이 수은-인간은 그의 이중적 본성 때문에 영적인 것과 물리적인 것뿐만 아니라 도덕적으로도 가장 높은 것과 가장 낮은 것을 자신 안에서 연합시킨다. 판도라 그림은 연금술사들이 희미하게 느꼈던 위대한 비밀을 가리키고 있는데, 그것은 마리아 승천에 내포된 것이었다. 땅의 물질이 갖고 있는 전설속의 어둠은 항상 이 세상의 왕자인 악마와 연관되어 있다. 그 악마는 삼위일체에서 제외되었지만, 그리스도의 상대역을 맡고 있는 형이상학적 형상으로서, 구속 드라마에서 없어서는 안 되는 존재이다. 연금술에서 그에 해당하는 것은 수은의 이중성의 일부인 검은 부분 또는 활동적인 유황이다. 그 악마는 또한 치명적인 독을 지닌 용, 또는 원시적이고 지하적인 형태의 돌 안에 자신을 숨기고 있다.158)

하늘에서 삼위일체는 물질의 원리를 대표하는 마리아가 추가됨으로써 사위일체로 변형된다. 땅 위에서 원 물질은 추출과정(의식화 과정)을 통해서 자율적 영으로 변형된다. 땅과 자아됨(egohood)은 하늘에 거처를 얻게 되고, 동시에 물질은 영적 차원을 갖게 된다.

추출과정은 하나의 원 물질의 덩어리에서부터 시작된다. 이것은 화육된 존재의 모든 고통스런 현실을 가리키는 것으로 이해될 수 있다.

---

158) Ibid., par. 238.

잔인한 운명의 돌팔매와 화살들/ … 마음의 고통과 수많은 자연 재해/ 육체는 시간의 매질과 경멸을 유산으로 받게 되고/ 압제자의 악행, 오만한 자의 오만불손/ 빼앗긴 사랑의 아픔, 법의 지연/ 장교의 무례함과 뻔뻔스러움/ 잘못한 일도 없이 병든 환자가 되고/ 피곤한 삶으로 땀 흘리고 불평하는 … 159)

그 덩어리로부터 기괴한 피조물들이 왕관을 쓰고 있고 후광을 지닌 사람에 의해 뽑혀져 나온다. 이 사람은 그리스도화된 자아로 간주된다. 다시 말해서, 자아가 자기의 보호 아래 작용하게 된 것이다. 하늘에서는 물질성의 원리가 영광을 받고, 땅에서는 구체적이고 개인적인 존재로 개성화하는 자아, 즉 계속되는 화육 과정을 수행하는 자아가 영광을 받는다.

물질의 족쇄로부터 풀려난 세상의 영혼이 괴물의 형태를 띠고 있다는 것은 충격적이다. 이것은 자기에 대한 생생한 경험이 하나의 일탈, 즉 대극을 연결시키는 것이라는 사실을 말해준다. 그 대극의 연결은 자아를 충격으로 마비시키고, 고뇌와 사기저하와 모든 합리적인 고려사항들의 포기에로 몰아넣는다. 그러나 하늘에서 바라볼 때, 동일한 사건은 대관식 장면으로 보인다. 그리고 그 대관식은 자아와 무의식 사이의 상호적이고 보상적인 관계를 보여준다.

화육 순환의 목표는 개성화의 목표와 마찬가지로 대극의 연합이다. 서구 정신 안에서 오랫동안 갈라져 있던 대극들—하늘과 땅, 여성과 남성, 영혼과 자연, 선과 악은 이제 연합을 이룰 때가 되었다.

---

159) William Shakespeare, Hamlet, act 3, scene 1.

참고문헌

Adler, Gerhard. "Aspects of Jung's Personality and Work." Psychological Perspectives, Spring 1975

The Ante-Nicene Fathers. 10 vols. Ed. Alexander Roberts and James Donaldson. Grand Rapids, Mich.: Eerdmans, 1977.

Danielou, Jean. The Theology of Jewish Christianity. Trans. John A. Baker. Philadelphia: The Westminster Press, 1978.

Donne, John. "Holy Sonnets." The Major Metaphysical Poets of the Seventeenth Century. Ed. Edwin Honig and Oscar Williams. New York: Washington Square Press, 1968.

Edinger, Edward F. Anatomy of the Psyche. La Salle, Ill.: Open Court, 1985.

_____. The Bible and the Psyche: Individuation Symbolism in the Old Testament. Toronto: Inner City Books, 1986.

_____. The Creation of Consciousness: Jung's Myth for Modern Man. Toronto: Inner City Books, 1984.

_____. Ego and Archetype: Individuation and the Religious Function of the Psyche. New York: Putnams, 1972.

Frazer, James G. The Golden Bough. 3rd ed. 13 vols. London: Macmillan, 1919.

Guignebert, Charles, Jesus. New Hyde park, N.Y.: University Books, 1966.

Hall, James. Dictionary of Subjects and Symbols in Art. New York: Harper and Row, 1974.

Harding, M. Esther. Woman's Mysteries, Ancient and Modern. New York: pantheon Books, 1955.

Harrison, Jane. prolegomena to the Study of Greek Religion. Cambridge: Cambridge University Press, 1922.

Hennecke, Edgar. New Testament Apocrypha. 2 vols. Ed. Wilhelm Schneemelcher. Philadelphia: The Westminster Press, 1963.

Holderlin, Friedrich. Poems and Fragments. Trans. Michael Hamburger. Ann Arbor: University of Michigan Press, 1967.

Jerusalem Bible. Garde City, N.Y.: Doubleday and Co., 1966.

Jonas, Hans. The Gnostic Religion. Boston: Beacon Press, 1958.

Jung, C.G. The Collected Works (Bollingen Series XX). 20 vols. Trans. R.F.C. Hull. Ed. H. Read, M. Fordham, G. Adler, Wm. McGuire. Princeton: Princeton University Press, 1953-1979.

_____. C.G. Jung Speaking (Bollingen Series XCVII). Ed. Wm. McGuire. Princeton: Princeton University Press, 1977.

_____. Memories, Dreams, Reflections. Ed. Aniela Jaffe. Trans. Richard and Clara Winston. New York: Pantheon Books, 1963.

_____. Seminar 1925. Mimeographed Notes of Seminar, March 23-July 6, 1925, Zurich.

Kazantzakis, Nikos. The Saviors of God. New York: Simon and Schuster, 1969.

Liddel and Scott. Greek-English Lexicon. Oxford: Oxford University Press, 1963.

The Mysteries: Papers from the Eranos Yearbooks. Vol. 2. New York: Pantheon Books, 1955.

Neumann, Erich. Depth Psychology and a New ethic. Trans. eugene Rolfe, New york: Putnams, 1969.

Origen on First Principles. Trans. G.W. Butterworth. New York: Harper Torchbooks, Harper and Row, 1966.

Patai, Raphael. The Messiah Texts. New York: Avon Books, 1979.

Pistis Sophia. Trans. G.R.S. Mead. London: John M. Watkins, 1947.

shakespeare, William. The Complete Works. London: Oxford University Press, 1965.

Smith, George D., ed. The Teaching of the catholic Church. 2 vols. New York: Macmillan, 1964.

Vine. W.E. An Expository Dictionary of New Testament Words. Old Tappan, N.J.: fleming H. Revell Co., 1966.

Voragine, Jacobus de. The Golden Legend. Trans. Granger Ryan and Helmut Ripperger. New York: Longmans, Green and Co., 1948.

색인

(ㄱ)

가브리엘 21, 25-26
가야바 86-87, 88, 89
가현설(Docetism) 33, 50
간음 24
갈등 63, 75-78, 84-85, 132-33
개성화 14, 26, 54-55, 67, 71, 74, 84-85,
　88, 93-95, 109, 118, 120, 124, 134-42
객관적 정신 49-50,
겟세마네 73-80
고문 91, 93-94, 95
골고다 99
 -의 탄생 16, 129-30
 그리스도의 몸으로서의 - 16, 130
권위 있는 52
그리스도
 -의 고통 72, 75

부적으로서의 14-15
완전한 인간으로서의 67, 104
-의 체포 15, 83-85
-의 승천 121-22, 123, 124, 128
-의 세례 15, 34, 48, 49-56, 128
-의 탄생 15, 31, 32-38
-의 피 73, 78-79
천사에 의해 위로받는 - 77
-와 군중 83-84
-의 십자가 죽음 15, 37, 71, 73-74, 85,
　93-4, 97, 98, 99-101, 102-03, 104, 105,
　106-107, 120, 132-33
지옥으로 내려가신 - 109, 111-12, 113,
　114-15
-와 디오니서스 66-67
-의 매장 110, 111-12, 114
-의 예루살렘 입성 58, 59-61
다산의 원리로서의 - 44

물고기로서의 - 68-69
매질 당하신 - 15, 92, 93-95
겟세마네의 - 73-79
-를 모방하기 17
이스라엘로서의 - 43
-를 위한 애도 111
조롱당하신 - 15, 93-95
-와 오시리스 118
유월절 양으로서의 - 66
-의 부활 15, 115, 117-121
-와 자기 14-15
다윗의 아들로서의 - 84
-의 영혼/영 76, 78
잡히신 - 82
유혹받으신 - 15, 55
변모하신 - 21
심문 당하신 - 15, 86-89
쌍둥이로서의 - 34-35, 38
그리스도의 세례 15, 34, 48, 49-56, 128
 물의 정화로서의 53-54
 이중 - 50
 불 - 50-51
그리스도의 아기 41
그리스도의 오심 106, 122
그리스도화 17, 142
그림자 60, 74-75
그림자가 드리운 21-25 55
극심한 고통(agonia) 72, 75

기네버트(Guignebert, Charles) 22
기도 76
기독교 중심주의 125, 129
깨어있음 75
꿈
 -안의 이중 탄생 모티프 38
 -속의 숫자들 37
 -속의 목소리 52-53

(ㄴ)

네 글자 단어(tetragrammaton) 104
노이만(Neumann, Erich) 75
니체(Nietzsche, Friedrich) 121

(ㄷ)

단테 112
도른(Dorn, Gehard) 78-79
돈(Donne, John) 28
돌 78-79대극(또한 갈등과 십자가에
 못 박힘을 보라) 26, 74-78, 84, 85, 97
 99-100, 125, 132, 142
동방박사 37
동시성 118
동일시 54-55, 60-61, 95
동정녀 마리아
 -의 수태고지 15, 21-27

-의 승천 135-42
교회로서의 - 131
-의 대관식 136, 140
-와 이브 22-25
창녀로서의 - 22동화 68-69, 74-75
뒤러(Durer, Albrecht) 105
디오니서스 41, 66-67
디오니서스 신비 67
디오스쿠리 쌍둥이 35
땀 78-79

(ㄹ)

렘브란트 24, 51, 77, 88, 94, 123

(ㅁ)

만달라 101, 102, 104
막달라 마리아 117
만찬 원형 66
매장 110, 111-12, 114
메시아 벤 데이빗 33-35
메시아 벤 요셉 33-35
모세 22, 34, 41
목소리, 신녀(神女) 27
무엇/누구 54
물고기 68-69
물질의 영혼(anima mundi) 139-142

미사 65-67

(ㅂ)

반대쪽으로 흐르는 에너지(enantiodromia) 84
발람 37
배반 84-85
뱀 25-26, 101
벨리오즈(Berlioz) 42
별
  야곱의 - 38
  탄생 - 38
  자기의 상징으로서의 - 38
보편적인 진리 14-15
부활 15, 115, 117-22
분석 19, 49-50
불
  - 세례 50-51
  - 심판 51-52
불(Sheckinah) 51-52
비움(kenosis) 130
비탄 111
빌라도 88-89

(ㅅ)

사 또는 네 번째 37, 104사십 118
사랑 27-28, 111
사위일체 104, 107, 139, 141
사지 절단 118
사탄 34, 85, 112
삼위일체 138, 141
상징적 순결 성 결혼 135, 138
생명나무 104
성령 26, 28, 29, 50, 55, 118, 122, 125, 127-33,
 - 강림 14-17, 21, 49, 51-52, 127
성령강림 15-16, 121-22, 126, 127-33
성만찬 69
성 빅터의 휴(Hugh of St. Victor) 26
성창(聖娼) 29
세례 요한 15, 48, 49-55
소명 47, 53, 55
수은 139, 140, 141
수태고지 14-16, 19, 20, 21-25, 26-29, 127
숫자 3, 또는 셋 37, 104
슬픔 111신앙의 지혜 34
승천 또는 상승 121-24, 123, 124, 128
시빌라인 신탁(Sibyline Oracles) 51-52
시저주의(Caesarism) 55, 95
신
 -의 죽음 115, 121
 -의 변형 17, 75
신성체험(神聖體驗) 11, 27, 130
신성한 아이 33, 41-43, 135
실레시우스(Silesius, Angelus) 28
십자가 99-108, 103, 107
 -의 이중적 본성 106-108
십자가에 달림 15, 37, 71, 73-74, 85, 93-94, 97, 98, 99-102, 102-03, 104, 105, 106-07, 120, 132-33

(ㅇ)

연합으로서의 - 101, 104
쌍둥이 33-35
아기 대학살 41-43
아담 22-26, 104, 119
아론 34
아이시스(Isis) 111, 118
악 61, 75, 97
악마 15
알렉산드리아의 클레멘트 52-53, 66
알케스티스(Alchestis) 114
야고보 복음 26
야훼
 -의 구름 21-25
 -의 종 53, 94
 -의 진노 73-75

YHWH로서의 - 104
야훼의 구름 21-25
야훼의 종 53, 101
어거스틴 101
에덴동산 23-25
여관 37
연금술 75, 78-80, 95, 104, 111, 118-19, 122, 138-41
연합(coniunctio) 101, 104, 138
열등한 기능 104
영웅 신화 112, 114
영원한 물 78
영지주의자 36, 43, 51, 54
영혼, 그리고 영 76, 78
예루살렘의 시릴 53
예루살렘 입성 58, 59-61
오디세이 112
오르페우스 112
오리겐 23, 76
오모파기아 66-67
오시리스 111, 118
오이디푸스 41
완전한 인간(anthropos) 67, 104, 141
왕 됨 81, 84, 88-89, 95
요술사 그레고리(Thaumaturgist, Gregory) 22
용 68-69
용해 49

우로보로스 73-75
원초적 물질 69, 95, 139-41
원초적 정신 68-69
유다 83, 85
유다의 입맞춤 85
유대인 22, 34, 36-68, 42, 68, 85, 87-88
유대인의 왕 나사렛 예수(INRI) 104, 105
유월절 35, 66-69
유혹 15, 55
융(Jung, C.G.) 11, 14, 17, 36, 38, 60, 65, 67, 76, 78, 84, 107, 114, 118, 122, 130-31, 137-39
응고(coagulatio) 45
이그나티우스 53
이단 87-89
이레니우스 50
이브 22-25
이스라엘 43-44
이집트
 세속적 자아로서의 36, 43, 46
 -로의 피신 40, 41-46, 44
잉카 27
자기
 -의 탄생 36, 42, 43
 -와 연합 101, 104
 -와 자아 14, 26, 53, 93, 100, 124, 142
 -의 경험 36, 48-50, 55, 93, 142

-와의 동일시 54-55
역설로서의 - 47
진주로서의 - 46
다시 태어난 - 104
별로서의 - 38
자아 120
-와 원형 120
그리스도화된 - 142
-와 콤플렉스 54
이집트처럼 땅에 속한 - 46
-와 필수적인 실수(felix culpa) 61
심리적인 동정녀로서의 - 28
-의 상대화 93, 114
-와 자기 14, 26, 53, 93, 100, 124, 142
-와 초개인적 운명 29, 49, 53-55
잔 74
장 다니엘루 51, 53, 106
장벽 106잠 75-76
재림 122
재생 118
저스틴(Justin) 23-26
적 그리스도 34, 100-101
적극적 상상 76
전이 49-50
점유 13-15, 44, 54, 60-61
정신 실재 88
정신의 현실 88
죽음 118

죽음의 고통(mortificatio) 93, 111, 118
지오반니(Giovanni, Paolo) 24, 25
지옥으로 내려감 109
지옥을 약탈하는 111-12, 114
지하세계(nekyia) 112, 114
진주 35, 44-45
진주의 찬가 36, 43

(ㅊ)

처녀성 25-29
처음으로 태어난 33-35, 111, 131
철학자의 돌 67, 122
추출과정 141-142
 신성한 - 27
최후의 만찬 35, 63, 64, 65-69, 74, 85
최후의 심판 52

(ㅋ)

카스토(Castor) 35
카이로스 11, 121
켈수스 23
콤플렉스 54
크리스마스 38

(ㅌ)

탄생 30, 31, 32-38
탄생
 그리스도의 - 15, 31, 32-38
 교회의 - 16, 129-30
 신성한 아이의 - 33, 40-41, 137
 이중 - 33, 38
 자기의 - 36, 42, 44
탐스러움 30, 111
투사 49, 63, 84, 129-30

(ㅍ)

파라클리트 15, 122, 127
판도라 138, 140
팽창 36, 55
페르세우스(Perseus) 41
폴럭스 35
프레이저(Frazer, J.G.) 27
플라토 78
피 73, 78-79
필수적인 실수 61

헤롯왕 41, 54
헤르메스의 에메랄드 판 122
횔더린 (Holderlin) 76
현자들 37
화육
 계속되는 - 17, 132-33, 142,
 - 순환 15-17, 16, 122, 127-32, 129, 135-42
 -의 어두운 측면 61
환전상인 59, 61, 93
휴고(Hugo, Rahner) 16, 130
희생 35, 65-69
힘의 원리 55, 60, 95, 101

(ㅎ)

해리슨(Harrison, Jane) 66
헤라클레스 112

한국심리치료연구소 총서

한국심리치료연구소는 한국심리치료 분야의 질적 향상을 위해서 이 분야의 고전 및 최신 서적들을 우리말로 번역 출판하고 있다. 본 연구소는 순수 심리치료 분야와 기독교 신앙과 관련된 심리치료 분야의 책들을 출판하며, 순수 심리치료 분야의 책들은 대상관계이론과 자기심리학을 포함한 현대 정신분석이론들과 융 심리학에 관한 서적이다.

순수 심리치료 분야

놀이와 현실
Playing and Reality
by D. W. Winnicott / 이재훈

울타리와 공간
Boundary & Space
by D. Wallbridge
& M. Davis / 이재훈

유아의 심리적 탄생
Psychological Birth
of the Human Infant
by M. Mahler & F. Pine / 이재훈

꿈상징 사전
Dictionary of Dream Symbols
by Eric Ackroyd / 김병준

그림놀이를 통한 어린이 심리치료
Therapeutic Consultation
in Child Psychiatry
by D. W. Winnicott / 이재훈

자기의 분석
The Analysis of the Self
by Heinz Kohut / 이재훈

편집증과 심리치료
Psychotherapy
& the Paranoid Process
by W. W. Meissner / 이재훈

멜라니 클라인
Melanie Klein
by Hanna Segal / 이재훈

정신분석학적 대상관계이론
Object Relations
in Psychoanalytic Theories
by J. Greenberg & S. Mitchell / 이재훈

프로이트 이후
Freud & Beyond
by S. Mitchell & M. Black
/ 이재훈 · 이해리 공역

성숙과정과 촉진적 환경
Maturational Processes
& Facilitating Environment
by D. W. Winnicott / 이재훈

참자기
The Search for the Real Self
by J.F. Masterson / 임혜련

내면세계와 외부현실
Internal World & External Reality
by Otto Kernberg / 이재훈

자폐아동을 위한 심리치료
The Protective Shell in Children and
Adult by Frances Tustin / 이재훈 외

박탈과 비행
Deprivation & Delinquency
by D. W. Winnicott / 이재훈 외

교육, 허무주의, 생존
Education, Nihilism, Survival
by D. Holbrook / 이재훈 외

대상관계 개인치료 I · II
Object Relations Individual Therapy
by Jill Savege Scharff & David E.
Scharff / 이재훈 · 김석도 공역

정신분석 용어사전
Psychoanalytic Terms and Concepts
Ed. by Moore and Fine / 이재훈 외

하인즈 코헛과 자기심리학
H. Kohut and the Psychology of the
Self
by Allen M. Siegel / 권명수

대상관계 부부치료
Object Relations Couple Therapy
by Jill Savege Scharff & David E.
Scharff / 이재훈

대상관계 이론과 임상적 정신분석
Object Relations
& Clinical Psychoanalysis
by Otto Kernberg / 이재훈

성격에 관한 정신분석학적 연구
Psychoanalytic Studies of the Personality by Roanld Fairbairn/이재훈

나의 이성, 나의 감성
My Head and My Heart by De Gregorio, Jorge/김미겸

환자에게서 배우기
Learning from the Patient by Patrick J. Casement/김석도

의례의 과정
The Ritual Process by Victor Turner/박근원

대상관계이론과 정신병리학
Object Relations Theories and Psychopathology by Frank Summers/이재훈

정신분석학 주요개념
Psychoanalysis : The Major Concepts, by Moore & Fine/이재훈

대상관계 단기치료
Object Relations Brief Therapy by Michael Stadter/이재훈 · 김도애

임상적 클라인
Clinical Klein by R. D. Hinshelwood/이재훈

살아있는 동반자
Live Company by Anne Alvalez /이재훈 · 박영란

대상관계 가족치료
Object Relations Family Therapy by Jill Savege Scharff & David E. Scharff/이재훈

대상관계 집단치료
Object Relations, the Self and the Group by Charles Ashbach & Victor L. Shermer/이재훈

스토리텔링을 통한 어린이 심리치료
Using storytelling as a therapeutic tool with children by Sunderland Margot/이재훈외

자폐아동과 정신분석
Autismes De L'enfance by Roger Perrson & Denys Ribas/권정아 · 안석

초보자를 위한 대상관계 심리치료
The Primer of Object Relations Therapy by Jill & David Scharff/오규훈 · 이재훈

인격장애와 성도착에서의 공격성
Aggression and Perversions in Personality Disorders/이재훈 · 박동원

대상관계 단기부부치료
Short Term Object Relations Couple Therapy by James Donovan /이재훈 · 임영철

왜 정신분석인가?
Une Psychanalyse Pourquoi? by Roger Perron/표원경

앞으로 출간될 책

소아정신의학에서 정신분석학으로
Through Paediatrics to Psychoanalysis by D. W. Winnicott

애도, 영성 그리고 변화
Mourning, Spirituality and Psychic Change by Susan Kavaler-Adler

기독교 신앙과 관련된 심리치료 분야

종교와 무의식
Religion & Unconscious
by Ann & Barry Ulanov / 이재훈

희망의 목회상담
Hope in the Pastoral Care
& Counseling
by Andrew Lester / 신현복

살아있는 인간문서
The Living Human Document
by Charles Gerkin / 안석모

인간의 관계경험과 하나님경험
Human Relationship
& the Experience of God
by Michael St. Clair / 이재훈

신데렐라와 그 자매들
Cinderella and Her Sisters
by Ann & Barry Ulanov / 이재훈

현대정신분석학과 종교
Contemporary Psychoanalysis
& Religion
by James Jones / 유영권

살아있는 신의 탄생
The Birth of the Living God
by Ana-Maria Rizzuto / 이재훈

인간의 욕망과 기독교 복음
Les Evangiles au risque
de la Psychanalyse
by Françoise Dolto / 김성민

신학과 목회상담
Theology & Pastoral Counseling
by Debohra Hunsinger
/ 이재훈·신현복

성서와 정신
The Bible and the Psyche
by E. Edinger / 이재훈

목회와 성
Ministry and Sexuality
by G. L. Rediger / 유희동

상한 마음의 치유
Healing Wounded Emotions
by M. H. Padovani 외 / 김성민 외

예수님의 마음으로 생활하기
Living From the Heart Jesus Gave You
by James. G. Friesen 외 / 정동섭

신경증의 치료와 기독교 신앙
Ministry and Sexuality
by G.L.Rediger / 김성민

전환기의 종교와 심리학
Religion and Psychology in Transition
by James Johns / 이재훈

영성과 심리치료
Spirituality and Psychotherapy
by Ann Belford Ulanov / 이재훈

치유의 상상력
The Healing Imagination
by Ann Belford Ulanov / 이재훈

외상, 심리치료 그리고 목회신학
/ 김정선